Hanno Beck
Juliane Schwoch

ALLES, WAS RECHT IST

Eine Geschichte für kleine Juristen

Frankfurter Allgemeine Buch

Bibliografische Information der Deutschen Nationalbibliothek
Die Deutsche Nationalbibliothek verzeichnet diese Publikation in der Deutschen Nationalbibliografie; detaillierte bibliografische Daten sind im Internet über **http://dnb.d-nb.de abrufbar.**

Bibliographic information supplied by the German National Library.
The German National Library lists this publication in the German National Bibliography; detailed bibliographic data can be accessed on the internet **at http://dnb.d-nb.de.**

Hanno Beck/Juliane Schwoch

Alles, was Recht ist / A short story about law

Frankfurt am Main 2019

ISBN 978-3-96251-056-5

Idee/Umsetzung Idea/Realisation	KPMG Rechtsanwaltsgesellschaft mbH 60549 Frankfurt/40474 Düsseldorf
Produktion Production	Frankfurter Allgemeine Buch © FAZIT Communication GmbH Frankfurter Allgemeine Buch Frankenallee 71 – 81 60327 Frankfurt am Main
Umschlag/Satz Cover/Typesetting	Christiane Hahn, www.christianehahn.de
Illustrationen Illustrations	Christiane Hahn, www.christianehahn.de
Druck Printing	CPI books GmbH, Leck

Printed in Germany

Inhalt
Contents

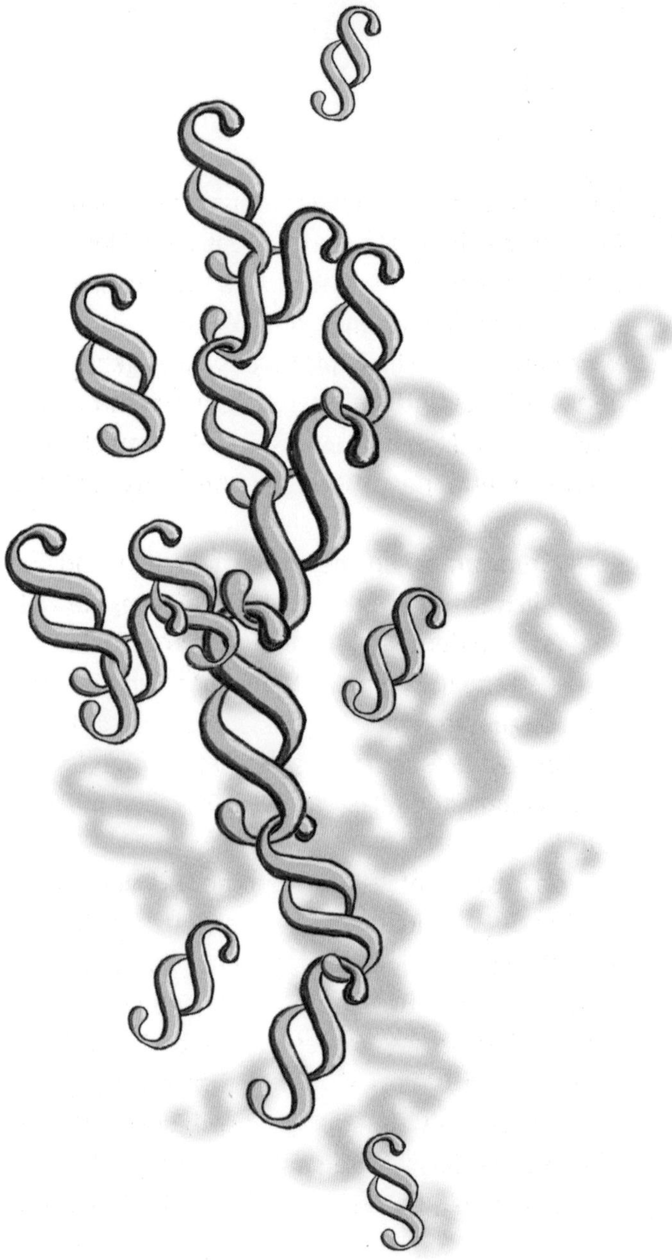

VORWORT

Warum gibt es Märchen? Warum brauchen Kinder Märchen? Wir glauben, dass alle Menschen Märchen benötigen, und wissen um die Zustimmung eines berühmten deutschen Philosophen:

„Wir meinen, das Märchen und das Spiel gehöre zur Kindheit: wir Kurzsichtigen! Als ob wir in irgend einem Lebensalter ohne Märchen und Spiel leben möchten!", hat Friedrich Nietzsche 1878 geschrieben – wer möchte widerspechen?

Aber warum brauchen Menschen Märchen und Fabeln? Natürlich sind sie Balsam für die Seele, sie entführen uns in andere, aufregende Welten, sie lassen uns unsere eigenen Sorgen, Mühen und Lasten für einen Moment vergessen. Und da sie meistens gut enden, lassen sie uns zurück mit dem beruhigenden Gefühl, dass am Ende alles gut wird. Märchen machen uns glücklich.

Doch das ist nicht alles, Märchen erfüllen einen tieferen Zweck: Wer Märchen liest, erschafft sich Welten, kreiert eigene Bilder, füttert seine Fantasie, seinen Geist. Und: er lernt. Märchen vermitteln Lehren, Einsichten, Erkenntnisse und sie sind moralische Wegweiser. Vermutlich ist das eine der wichtigen Aufgaben von Märchen über all die Jahrtausende hinweg. Wir lernen über solche Geschichten. Wir verstehen, dass es nicht das Äußere ist, das zählt, wenn wir die Geschichte vom hässlichen Entlein hören, wir erkennen den Wert von Selbstlosigkeit und Wohltätigkeit, wenn wir das Märchen von Sterntaler hören. Märchen sind ein Wegweiser, der Kinder auf ihrem Weg begleiten soll, ein moralischer und pragmatischer Kompass für die Fahrt auf der manchmal stürmischen See des Lebens.

„Alles, was Recht ist" ist ein Märchen, ein moderneres Märchen, das wie seine teils jahrhundertealten Vorbilder nicht nur Spaß, Spannung und Zerstreuung bringen, sondern Einsichten vermitteln will. Es ist ein Märchen über unerwartete Katastrophen, über egoistische, gedankenlose Mitmenschen, über Gemeinschaft, Solidarität und Recht. Es verfolgt eine einfache Idee: Recht, Gesetze und Regeln sind nicht plötzlich vom Himmel gefallen. Wir lernen von diesem Märchen, dass unser Miteinander ohne Regeln und Gesetze rasch im Chaos versinkt. Eine Katastrophe als Auslöser – der Einsturz eines Nachbargebäudes – bringt das Leben der Bewohner unseres Gerichtsgebäudes durcheinander, stürzt eine alte, bisher stabile Ordnung ins Chaos. Das unbedachte, rücksichtslose Verhalten der neuen Mitbewohner aber bringt alle anderen Bewohner des Gerichts in große Gefahr, und erst angesichts der Gefahr verstehen alle Beteiligten, wie wichtig es ist, zusammenzuhalten und wie wichtig allgemeine, verbindliche Regeln sind. Wir erkennen, dass wir alle aus dem gleichen Material geschnitzt sind – und die gleichen Rechte haben, egal, wie wir aussehen, welche Ansichten wir vertreten oder welche Gewürze wir in unser Essen tun.

Vermutlich sind Gesetze und Regeln für das Miteinander so entstanden – sie wurden nicht eines Tages erfunden und ausgerufen, nein, sie schlichen sich langsam in unser Leben ein, weil alle erkannten, wie wichtig solche Regeln sind und dass es für alle von Vorteil ist, wenn sich alle daran halten. Es ist kein Zufall, dass alle großen Weltreligionen ähnliche Regeln und Vorschriften in ihrem Verhaltenskodex haben – es sind universelle Regeln, die sich über die Jahrhunderte hinweg entwickelt und bewährt haben. Unser Grundgesetz, das in diesem Jahr seinen 70. Geburtstag feiert, atmet diese universellen Ideen der Menschheitsgeschichte, es steht auf den Schultern von Riesen, die schon unsere Vorfahren getragen haben.

Unsere Welt ist schneller, ruppiger, rauer und lauter geworden, und in diesem oft emotional überhitzten Klima vergessen wir rasch die Bedeutung von Regeln, meinen, dass wir uns über sie hinwegsetzen können, ja müssen, dass sie vielleicht für andere gelten, aber nicht für uns, und dass manche Rechte für uns gelten, aber nicht für andere – ein fataler Trugschluss. Recht und Gesetze sind universell, müssen universell sein, für alle gelten, sonst machen sie keinen Sinn. Auf gar keinen Fall darf das Recht des Stärkeren gelten. Das müssen auch die lebenslustigeren neuen Bewohner unseres Gerichtsgebäudes erfahren, als sie zu sehr über die Stränge schlagen. Es tut uns gut, wenn wir immer wieder daran erinnert werden. Dieses Märchen soll uns daran erinnern.

Aber es soll auch Spaß machen, unterhalten, mitreißen, denn Menschen – die Kleinen wie die Großen – lernen am besten über Geschichten. Je aufregender sie sind, umso eher erinnert man sich an sie und an ihre Botschaft. Wir sind davon überzeugt, dass alle Menschen Märchen brauchen, als Unterhaltung, als Seelenmassage und als Lehrstück über uns und unsere Welt. Wer mit Märchen aufwächst, hat mehr Fantasie, mehr Wissen und mehr Kreativität als jemand, dessen geistiger Acker nur von Spielekonsolen bestellt wurde. Auch hier wissen wir einen der größten Köpfe des 20. Jahrhunderts hinter uns, nämlich Albert Einstein. Wir teilen seine Einstellung zu Märchen:

„Wenn du intelligente Kinder willst, lies ihnen Märchen vor. Wenn du noch intelligentere Kinder willst, lies ihnen noch mehr Märchen vor."

Also. Lassen Sie uns rasch damit beginnen.

Hanno Beck und Juliane Schwoch

1. KAPITEL

Es knallte, knirschte, Stein splitterte, Eisen quietschte, und plötzlich wurde es im Gerichtsgebäude dunkel: Riesige Staubwolken vor den Fenstern schluckten jegliches Tageslicht. Alles, was eben noch herumgeschnüffelt, geschlurft oder friedlich geschlummert hatte, erstarrte. Dann ein weiterer Schlag. Das alte Gebäude erbebte vom Fundament bis unter seine Dachgauben. Justitia auf ihrem Lieblingsplatz – der Heizung im Richterzimmer – schwankte. Nur der panische Hieb ihrer Krallen in die brüchige Tapete rettete sie vor dem Sturz. Spikey, der wieder mal im Keller an Gerichtsakten knabberte, wurde hochgeschleudert, drehte einen unfreiwilligen Salto und setzte unsanft auf. Entrüstet hustete er Staub und Papierfetzen. Alles, was gerade noch träge die Mittagsruhe genossen hatte, stand senkrecht, auf allen Vieren oder wirbelte wild piepsend und kreischend durch die Luft. Staubwolken pufften von dem

Schlag aus den Bücher- und Archivregalen, drangen von der Straße durch Tür- und Fensterschlitze herein und in die Augen und Mäuler der Bewohner. Die Tiere hasteten, husteten und fuchtelten wild umher. Schließlich kippte auch noch die Schnapsflasche im Versteck des Richters im Gerichtssaal von den Bewohnern unbemerkt um und ergoss sich in einer cognacbraunen, duftenden Pfütze.

Selbst in den weltentfernten Schlummer des Beweisstücks drang das Beben, bahnte sich einen Weg in sein uraltes Bewusstsein und ließ es im Traum träge schnuppern. Beweisstück lebte seit Urzeiten im Gerichtsgebäude: Eines Tages war es von den Menschen ins Gebäude gebracht worden (warum wohl?), dann war es bedächtig und unbemerkt davongekrochen und seitdem von den Menschen vergessen worden. Keiner der Bewohner des Gerichtsgebäudes wusste, was für ein Tier es war, und Beweisstück selbst auch nicht; es war exotisch, so viel stand fest. Und da auf seinem Panzer ein großes Schild „Beweisstück Nr. 1“ klebte (wo es wohl hergekommen sein mag?), nannten die anderen Tiere den Exoten eben so. Beweisstück war uralt, wes-

wegen es bei schwierigen Fragen gern zu Rate gezogen wurde. Was bisher ein rares Vorkommnis gewesen war; denn das Leben im Gerichtsgebäude war ein ruhiges. Jetzt richtete Beweisstück langsam seine Sinne dorthin, wo durch die Kopföffnung seines Panzers etwas Licht hineinfiel. Unablässiges Quietschen und Knirschen drang herein, dennoch blieb der Boden ruhig: kein weiterer Schlag. Die Gefahr schien vorüber.

Durch die Rohre aber hörte Beweisstück, wie die Mäusebande ein Stockwerk unter ihm im Vorraum des Archivs panisch herumflitzte. Die kleinen Tatzen brannten auf dem Holzboden. Ach, mussten diese Mäuse immer übertreiben? Konnten sie nicht einfach ruhig bleiben wie Beweisstück?

Offensichtlich nicht, denn es hörte die panische Stimme der Maus namens Braunfleck piepsen: „Die Welt zerbirst! Der Himmel fällt auf uns herab und löscht alles Leben aus.“ Braunfleck war noch jung, dennoch sollte er es besser wissen. Weißbart, der Mäuseanführer – er hatte wunderbar lange, weiße Schnurrhaare – schüttelte genervt seinen Kopf. Allerdings musste er gestehen, dass er ein solches Beben selbst noch nicht erlebt hatte. Seine Schnurrhaare spürten den Bewegungen im Gebäude nach: Gut, das Beben ließ nach. Er hob die Pfote und verlangte Ruhe im Mäuserudel.

Ein dritter Knall ließ die Fensterscheiben ächzen. Wieder stob von überall her Staub in die Räume, und die Mäuse saßen einmal mehr im Dunkeln. Justitia oben im Richterzimmer fauchte, Spikey ließ im Kellerarchiv die wohlschmeckenden Blätter fallen und rannte mit wogendem Bauch weg, und Beweisstück verkroch sich zutiefst entrüstet tief in seinen Panzer.

Als sich der Staub lichtete und Weißbart anfing, seine Bande im Dunst zu zählen, sahen einige seiner Mäuse seltsam groß aus. Noch dazu hatte sich ihre Anzahl fast verdoppelt. Er rieb sich die Augen. Das war eine schlechte Idee: Der Staub brannte scheußlich. Dennoch, das Oberhaupt der Mäuse kniff die Augen zusammen und zählte noch einmal – verflixt!

„Tach auch“, schnarrte eine nasale Stimme direkt hinter Weißbart. Er wirbelte herum. Vor ihm schälte sich aus den absinkenden Staubwolken ein ... ach du großer Schmelzkäse: eine Ratte. Ihre beängstigende Erscheinung wurde verstärkt durch eine Augenklappe über dem rechten und einen stechenden Blick aus dem linken Auge. „Einauge mein Name. Wir kennen uns von der Straße, und da dachten wir Jungs“ – die Ratte wies hinter sich – „wir ziehen bei euch ein.“

„Ihr – wie? Was?“

„Was, wie – ist das alles, was du zu sagen hast?", höhnte Einauge. „Verrat uns lieber, wo wir den Staub mit was Gutem herunterspülen und unser Fell putzen können." Das Fell der Ratten, sie waren etwa ein Dutzend, sah nicht danach aus, als ob ihre Besitzer es häufig putzten. Tatsächlich waren sie dreckig, filzig und rochen streng. Weißbart schüttelte sich. Souverän, sagte er sich, sei souverän. „Was ist passiert?", schrie sein Angstzentrum. „Ruhe", donnerte sein Verstand. Weißbart streckte sich, soweit es ging – die Ratte war wirklich groß –, putzte seine Barthaare, um Zeit zu gewinnen, und antwortete dann: „Ihr seid die Ratten vom Wertstoffhof nebenan."

„Was du nicht sagst."

„Da ist die Baustelle ..."

„Die Baustelle IST nicht, die Baustelle HAT! Sie hat unser Zuhause kurzzeitig zerstört."

Weißbart stutzte: Was meinte die Ratte mit „kurzzeitig"?

„Kurzzeitig wie vorübergehend", höhnte die Ratte. Konnte sie Gedanken lesen? „Das müsstet ihr Gesetzbuchmäuse doch besser wissen als wir Straßenpoeten." Triumphierend drehte sich Einauge zu seinen Ratten um, die ihm zujohlten und die Schenkel klopften. Sie verbreiteten so einen Gestank, dass Weißbart übel wurde und die jüngsten Mäusekinder sich im Fell ihrer keuchenden Mütter versteckten. „Also, wie sieht's aus, ihr Hüter der Gesetzbücher, wo können wir Gesetzlosen uns putzen? Wo gibt's Fressen? Und, beim großen Rattenschwanz, wo gibt es hier mal so ein bisschen Spaß? Was steht ihr da rum? Himmel, seid ihr langweilig. Keine Partymäuse, oder? Archivtrolle. Kein Feuer im Rattenschwanz, was?" Einauge verdrehte sein einziges Auge, und wem bisher noch nicht schlecht war, dem wurde es jetzt. Es war ein gruseliger Anblick. Das Mäuseoberhaupt Weißbart schnappte nach Luft. „Was ist das denn für ein Benehmen", platzte es aus ihm heraus. Alle erstarrten. Eine Ratte, die etwa drei Mal so groß wie eine Maus war, zurechtzuweisen, war eine zweifelhafte Idee. Da hielt Einauge auch schon in seiner Bewegung inne, drehte sich zu Weißbart um und starrte ihm tief in ein Auge. „Wie bitte?“, schnarrte er. Sekundenlang fror alles ein.

„Ich meine, also, was ich eigentlich sagen wollte ...“, stammelte Weißbart. „Nebenan, nebenan im Nachbarzimmer findet ihr einen tropfenden Wasserhahn, da könnt ihr euch waschen“, flüsterte er. „Und derweil machen wir euch etwas zum Fressen.“

„Na also.“ Einauge grinste, „da will ich doch mal ein Auge zudrücken, was? Ha, Brüller!“ Wieder drehte er sich zu seinen Ratten um, die vor Lachen wankten. „Brüller, ein Brüller.“

„Die letzten Seifenreste findet ihr da auch“, erklang Weißbarts Stimme schlaff.

„Seife?“ „Dreckszeug!“ „Das macht krank, lasst bloß die Pfoten davon.“ „Ha, ICH krall mir eine!“ Unter diesem Gebrabbel und dem zufriedenen Grinsen von Einauge schlurften die Ratten ins Nebenzimmer.

Sofort rissen die Mäuse alle Tücher und Bretter von den Türritzen, um Luft hereinzulassen. „Weißbart, was soll ...“ Der Mäuserich hob seine Pfote: „Leise!“ „Was machen wir jetzt?“, piepste seine Frau Minchen. Weißbart plumpste auf den nächsten Gesetzesstapel.

Nach und nach fanden die Mäuse ihre Stimmen wieder und Gemurmel setzte ein. Irgendwann winkte ihr Ältester ab und übernahm das Wort: „Mäuse! Offenbar haben wir Übernachtungsgäste. Der Knall von vorhin muss von der Baustelle gekommen sein, die schon seit Wochen vor dem Gerichtsgebäude betrieben wird. Nun müssen sie den Unterschlupf der Ratten zerstört haben, und sie bitten uns um Zuflucht. „Bitten? Bitten??? BITTEN???“ Zornig strich sich seine Frau über den Bauchpelz. „Wenn das eine Bitte war, dann, dann ...“ „Ruhe.“ Weißbart standen die Schnurrhaare zu Berge. „Wir müssen uns arrangieren. Wir haben ein Zuhause und sind versorgt: Wir leben im Gerichtsgebäude. Unser Essen holen wir uns bei der Gerichtskatze. Und andere“, dabei schielte er zum dicken Spikey, der inzwischen die Gruppe erreicht hatte, „fressen sogar die Gesetzestexte im Archiv. Aus dem tropfenden Wasserhahn bekommen wir unser Wasser. Wir haben also alles, während die Ratten schuldlos in Not geraten sind.“ „Wenn sie sich mal so benehmen würden“, grummelte Minchen. „Genau“, riefen andere Mäuse. „Die führen sich auf, als ob sie die Welt beherrschten.“ Weißbart winkte ab. „Wir wissen doch alle, was Gerechtigkeit bedeutet. Wenn jemand in Not gerät, dann helfen wir. Wären wir nicht auch froh, wenn man uns helfen würde, wären wir in Not geraten?“ Vor allem die letzte Bemerkung vom Ältesten beeindruckte die Mäuse: Wenn jemand in Not gerät, ist es dann nicht ein Gebot der Mäuseliebe zu helfen? Unter Mäusen war das eine Selbstverständlichkeit.

„Wo ist da die Gerechtigkeit", jammerte Minchen, Mutter von elf Mäusebabys. „Wie soll das gehen? Die werden alles Futter wegfressen. Und wo sollen die schlafen? Mäuse und Ratten sind nicht dafür geschaffen zusammenzuleben. Und jetzt komm mir nicht mit ‚kurzzeitig'", fauchte sie Weißbart an. Er hatte gerade die Schnauze geöffnet, aber sie schnitt ihm das Wort ab. „Nein, ich will nichts davon hören. Wir alle wissen, das ‚kurzzeitig' ein dehnbarer Begriff ist, und was sagt überhaupt das Gesetz dazu?" Störrisch funkelte sie in die Menge. Spikey verschluckte sich, hustete und verknotete seine Pfötchen. „Nein! Nein, nein, nein, du hast nicht das GESAMTE BGB gefressen", polterte Minchen. „N... n... nur das Inhaltsverzeichnis." „Ich fasse es nicht."

„Spinne", rief Weißbart. „Hat jemand Spinne gesehen?" „Hier", hauchte es von der Decke. Dort saß eine dunkelbraune Spinne. „Spinne, was weißt du über den Begriff ‚kurzzeitig'? Kam der in den Verhandlungen, die du belauscht hast, einmal vor?" „Ich muss überlegen", summte die Spinne und verschwand.

„Wo bleiben eigentlich die Ratten?", fragte Minchen.

„Die haben eine Badepartie in unserem Wassernapf gestartet", wütete eine andere Mäusedame. Sie hatte durch den Türschlitz gelinst. „Unser ganzes, mühsam gesammeltes Trinkwasser ist eine einzige stinkende, dreckige Masse. Danke, Weißbart, das war eine GUTE Idee, die Ratten aufzunehmen."

Mit diesen Worten drehten sich die Mäuse um und verkrochen sich in ihren Unterschlüpfen, Nestern und Mäuselöchern. Weißbart blieb alleine in der Mitte des Raumes sitzen. Er seufzte. Vor ihm, das wusste er, lagen sehr, sehr unangenehme Zeiten. Wenn er bloß wüsste, was „kurzzeitig" hieß. Ratlos tippelte er zu seinem Nest. Eine andere Furcht begleitete ihn: Wenn bloß die Zweibeiner, die Menschen, nichts merkten; nicht auszudenken, was passieren würde. Er verfiel in dumpfes Grübeln.

2. KAPITEL

Tatsächlich waren die nächsten Tage ein Alptraum. Was immer die Ratten wollten, mussten ihnen die Mäuse mit der Begründung besorgen, dass sich die armen, vom Schicksal gebeutelten Flüchtlinge nicht auskannten. Allen war klar, dass die Ratten die Mäuse ausnutzten, jähzornig und herrschsüchtig waren und die Mäuse durch deren Angst regierten. Noch dazu ging alles, was die Ratten anfassten, kaputt. Nach einem Tag war sämtliches Trinkwasser unbrauchbar, der tropfende Wasserhahn verbogen, der gemeinsame Futterspeicher leer sowie Boden, Türen und Wände verkratzt. Zusätzlich juckten und kratzten sich die Mäuse öfter als früher: Offenbar hatten die Ratten auch noch blinde Passagiere mitgebracht.

Als am dritten Morgen Minchen aufgelöst in das Archivzimmer stob, wusste Weißbart, dass eine Eskalation bevorstand. „Es reicht!", brüllte die sonst so feminine Mäusemutter. „Es reicht wirklich. Das schlägt der Sardinenbüchse den Boden aus. Hat man Worte?" Sie schnappte nach Luft. „So etwas habe ich in meinem Leben noch nicht gesehen, gehört und gerochen! Mir stinkt's!" „Beruhige dich doch bitte." Weißbart schob sich durch die inzwischen versammelte Mäuseschar hindurch, „beruhige dich." „ICH WILL MICH NICHT BERUHIGEN!" Minchen stampfte mit ihrer Pfote auf. Zustimmendes Gemurmel aus der Mäuseschar. Weißbart wusste sich nicht anders zu helfen, er brüllte über den Aufruhr hinweg: „Was ist denn jetzt schon wieder passiert?" „Das will ich dir sagen!", schrie Minchen zurück. „Die Ratten haben mein Jüngstes als Badeschwamm benutzt, und ihr wisst, wie dreckig die sind." „Iiiieh!" Alle Mäuse schreckten zurück. „Das ist ja eklig." „Widerlich." „Unglaublich." Bald keifte jeder seine eigenen Erfahrungen mit den Ratten heraus.

„Hallo." Die Mäuse erstarrten, drehten sich langsam um. Keiner hatte bemerkt, dass sich Rattenanführer Einauge mit ein paar Artgenossen ins Zimmer geschlichen hatte. „Und jetzt seid ihr still, oder was?" Einauge zuckte spöttisch mit seiner spitzen Schnauze. „Redet doch weiter. Lasst uns hören, was wir Schlimmes angestellt haben. Nur Mut. Ihr habt doch keine Angst, oder? Sicher, der eine oder andere von euch könnte heute Nacht einen kleinen Unfall haben, dummerweise in den Wassernapf fallen und ertrinken ..." Das reichte. Sicherlich flößten einem die Ratten Angst ein, aber dass sie seinen Mäusen drohten, war zu viel. Weißbarts Schnurrhaare zitterten: „Stopp!"

Wieder froren alle in ihren Bewegungen ein, dieses Mal auch die Ratten. „Wie bitte?", zischte Einauge und beugte sich zu Weißbart hinunter. „Wolltest du etwas sagen? Bevor du meine Geduld strapazierst, sieh lieber zu, dass unser Abendfressen in einer Minute vor uns steht." Voller Angst wollten drei Mäuse gerade loseilen, da kommandierte sie Weißbart zurück. „Nein! Bleibt hier." Er wandte sich zu Einauge, reckte sich zu ihm empor, stemmte die Pfoten in seine Seite und sprach dann, wie ihn die Mäuseschar noch nie hatte reden hören: „Dass du uns drohst, ist unverschämt." „Ist das so", höhnte Einauge. „Ja, das ist so. Unverschämt und ungerecht. Wir haben euch Unterschlupf gewährt, Fressen und Wasser mit euch geteilt. Nein – wir haben es nicht nur geteilt, sondern wir haben es angerichtet und vor eure Schnauzen gestellt. Meine Mäuse haben euch auf jegliche Art und Weise bedient. Zum Dank habt ihr alles weggefressen, unsere Schlafstätten verwüstet, das Trinkwasser verschmutzt und unser Zuhause ramponiert. Euer Gejohle dringt in alle Winkel des Gerichtsgebäudes und droht, von den Zweibeinern entdeckt zu werden. Was glaubt ihr, was dann passieren wird? Habt ihr noch nie von dem Jäger-menschen gehört? ER WIRD UNS ALLE TÖTEN."

Weißbarts Stimme war immer lauter geworden. Jetzt sprach er leise weiter: „Und jetzt drohst du uns. Dabei konntet ihr alles nur tun, weil ihr größer und stärker seid als wir. Aber eines haben WIR in der Hand: Nur wir Mäuse kommen durch das Mäuseloch unbemerkt in das Archivzimmer und an Justitias Futternapf. Ihr passt da nicht durch. Und durch die Tür hineinzumarschieren, wäre glatter Selbstmord."

Die Ratten, die gerade noch ihre Brusthaare gekrault, gehöhnt und gegrinst hatten, hielten inne. Der Mäuserich hatte recht. Zum Donnerwetter, das würden die nicht wagen, ihnen das Fressen vorzuenthalten. „Hey", zischte eine besonders böse aussehende Ratte; an ihrer rechten Vorderpfote hatte sie eine Kralle verloren, Fell-

büschel fehlten, und auch sonst war sie von Kämpfen gezeichnet. „Hey, Einauge“, schnarrte sie. „Hör nicht auf die Maus. Die kann ich mit einem Biss töten.“ „Genau“, stimmten die anderen Ratten zu. „Die da, die dicke Maus, die an dem Papier knabbert, die werde ich mir vornehmen, das ist ein saftiger Brocken. Genau richtig.“ Sie meinten Spikey, der genüsslich am Einkommensteuergesetz knabberte (allerdings ist das ein wenig trocken, man muss es mit viel Wasser runterspülen, erklärte Spikey immer). „Nein, die habe ich mir schon ausgeguckt.“ „Pah, ich mag lieber die kleinen Fellbündel. So zart ...“

„Ruhe!“ Wütend drehte sich Einauge um und fauchte: „Haltet eure Schnauzen. Versteht ihr nicht? Beim schuppigen Rattenschwanz, die Mäuse haben uns

wirklich in der Hand: Wir können noch nicht in unser Zuhause zurück und wir brauchen Futter. Oder wollt ihr etwa raus auf die Straße und Futter suchen? Ihr verweichlichten Wohlstandsleiber wisst doch gar nicht mehr, wie das geht." Einauges Auge funkelte. So sehr es ihn nervte, er musste sich eingestehen, dass er mit den Mäusen verhandeln musste. Was nützt das Recht des Stärkeren, wenn er auf die Schwächeren angewiesen ist? Einauge brauchte eine andere Taktik. „Ihr haltet euch für was Besseres, oder?", höhnte er Weißbart an. „Wir sind eben nur arme Straßenstreuner, aber ihr mit eurem Gerichtsgebäude glaubt wohl, dass es uns nicht zusteht, darin Schutz zu suchen, häh?" Eigentlich eine gute Verteidigung, dachte Einauge.

„Nein." Weißbart war irritierend bestimmt in seiner Aussprache. „Es geht nicht darum, wer besser ist, wer mehr Rechte hat – jeder von uns hat die gleichen Rechte, keiner ist besser als der andere. Ihr wollt, dass wir eure Freiheiten respektieren? Dann müsst ihr auch unsere Freiheiten respektieren. Jedes Tier ist gleich und hat die gleichen Rechte." Weißbart war innerlich erleichtert – diese Sätze hatte ihm Spinne einmal erzählt, die Menschen gebrauchten sie häufig, wenn sie in den oberen Räumen des Gerichtsgebäudes die Köpfe zusammensteckten.

Einauge krümmte sich innerlich. Ihm wurde klar, dass der verdammte Mäuseschwanz recht hatte. Wollte er nicht das Wohlbefinden seiner Ratten aufs Spiel setzen, musste er sich auf dieses Spiel einlassen: Jeder ist gleich. Widerwillig wandte er sich dem Mäuseanführer zu. „Nun gut, was wollt ihr?"

Weißbart nickte. „Gut. Unsere Forderungen sind folgende: Alles, was ihr kaputtgemacht habt, werdet ihr reparieren. Ihr werdet den Wassernapf reinigen und auffüllen. Und wir werden Regeln aufstellen, um das Überleben aller zu sichern. Regeln, die wir alle gleichermaßen befolgen werden, weil sie uns allen nützen. Wir brauchen ein paar Grundsätze, um in Zukunft solche Streitigkeiten zu vermeiden. Wenn sich jeder daran hält, werden wir alle miteinander auskommen. Außerdem werden sich deine Ratten bei meinen Mäusen entschuldigen. Wir werden uns die Beschwerden der Mäuse anhören, und dann werden du und ich gemeinsam Lösungen suchen." Der Anführer der Ratten kochte vor Wut. Aber es blieb ihm nichts anderes übrig.

„Also", rief Weißbart, „fangen wir gleich an. Wer hat eine Anschuldigung vorzubringen?" Die Ratte mit der fehlenden Kralle, Rüpelratte, wollte vorstürmen und ihrer Wut auf die Mäuse Luft machen. Im letzten Moment hielt Einauge sie zurück. „Nicht wir, du beschränktes Erbsenhirn. Hast du gar nichts begriffen?" Weißbart nickte ihm dankbar zu.

Dann fingen die Mäuse an. Immer noch etwas eingeschüchtert, stammelten die ersten ihre Vorwürfe, wurden dann aber mutiger und es entstand eine lange Liste rattiger Vergehen. Einauge hielt sich sein Auge zu – es war ihm nicht klar gewesen, wie sich seine Bande aufgeführt hatte und wie sie damit das Bestehen aller im Gerichtsgebäude gefährdet hatten. Obwohl ihre Gastgeber keine Regeln oder Gesetze aufgestellt hatten, lebten die tierischen Bewohner des Gerichtsgebäudes seit jeher unter einer überlebenswichtigen Prämisse: Die Zweibeiner, die Menschen, durften ihre Anwesenheit keinesfalls bemerken. Die schrecklichen Geschichten über den Jägermenschen, der hinter vorgehaltener Pfote „Kammerjäger" genannt wurde, hatten sich bis auf die Straße herumgesprochen. „Kammerjäger" war eine ständige Bedrohung, das Wort allein ließ alle zittern und erstarren. Und sie, Einauge und seine Ratten, hatten alle in die Gefahr gebracht, entdeckt zu werden.

Schließlich entschied Weißbart, dass nur die wirklich ernsten Vergehen bestraft werden sollten. Für die Verschmutzung des Trinkwassers mussten die Ratten eine Woche lang den Wassernapf sauber und gefüllt halten. Für die Verwendung eines Mäusebabys als Badeschwamm erwartete die Verantwortlichen eine in ihren Augen entwürdigende Strafe: Sie würden am nächsten Badetag sämtliche Mäusekinder baden, entschieden die Mäusemütter einstimmig (was zu hämischem Gejohle bei denjenigen Ratten führte, die von dieser Strafe nicht betroffen waren).

Nachdem diese Vergehen mit Strafen abgeglichen waren, waren sich die Anführer einig, dass jetzt Regeln aufgestellt werden mussten. „Die Menschen machen übrigens dasselbe. Sie nennen ihre Regeln Gesetze.“ Gesetze? Das Wort kannten die Ratten. Pfui, die verbieten doch alles, was Spaß macht. Ratten mochten keine Gesetze. Weißbart sprach weiter: „Es gilt, das Überleben durch eine gerechte Versorgung aller mit Futter und Wasser zu sichern.“ Laaangweilig! Die Ratten drehten sich bewusst um. Sie würden keine Gesetze akzeptieren. „Vor dem Gesetz“, summte es von der Decke – Spinne hatte sich als Beobachtungspunkt ein filigranes Netz unter die Deckenlampe gewebt –, „kommt es nicht auf die Größe und Stärke des Einzelnen an. Vor dem Gesetz sind alle gleich.“ Wie oft hatte sie diese Worte schon von Richtern gehört, die ihre Strafverkündungen gerne damit einleiteten. Sie kamen ihr ungemein passend vor in dieser Situation, die sich unter ihr abspielte. Die Ratten hätten am liebsten den Raum verlassen. Aber ein Blick von Einauge hielt sie zurück.

Schon redete diese blöde alte Maus weiter: „Das stimmt, und deswegen muss zwischen Mäusen und Ratten Chancengleichheit herrschen, beispielsweise bei der Futterfrage. Sie hat Priorität." Dumpfe Rattenblicke trafen Weißbart. Unbemerkt hatte dieser Wörter benutzt, die er im Gerichtssaal aufgeschnappt hatte. „Menschenwörter" nannte Minchen sie. Natürlich, ungeübten Rattenohren, die eher den gepflegten Hinterhofdialekt beherrschten, waren sie unverständlich. „Alle Ratten und Mäuse müssen die gleiche Chance haben, an Wasser und Fressen zu kommen", erklärte der Mäuseweise. Jetzt hoben und senkten sich die Mäuseköpfe in zustimmendem Nicken.

Einauge aber winkte ab. Das war lächerlich: Seine Ratten waren größer und stärker als die Mäuse, sie waren eindeutig im Vorteil. Was wollte die dämliche Maus da vor ihm eigentlich! (Er hatte schon wieder vergessen, dass bisher nur die Mäuse an den Futternapf der Gerichtskatze kamen. Das sollte ihm noch Kopfzerbrechen bereiten.) In diesem Moment brannte dem Rattenanführer etwas anderes unter den Krallen: „Wir sollten weitere Gesetze aufstellen, zum Beispiel was uns und was euch gehört."

Weißbart riss die Augen auf – nicht nur, dass die Ratte das Futterverteilungsgesetz unwichtig fand (was sich, wie gesagt, noch ändern sollte), jetzt wollte sie Eigentums- (oder Besitz-?)fragen klären? Welches Eigentum?

Was konnten die Ratten besitzen? Sie waren als Flüchtlinge in das Gerichtsgebäude hineingeschwemmt worden.

„Ich würde sagen, dass alles, was man findet, dem Finder gehört“, sagte Einauge. Einen Schnauzenwinkel höhnisch hochgezogen und mit den Pfoten Applaus fordernd, drehte er sich Zustimmung heischend um seine Achse, ganz der Rattenkönig. Und bereitwillig stimmten ihm seine Untertanen sich verbeugend und grinsend zu. Denn die Ratten hatten unerklärlicherweise in den letzten Tagen ungemein viel „gefunden“, teilweise sogar direkt unter den Mäusen: Als die sich im Schlaf drehten und wendeten, lagen sie plötzlich ohne Decken da. Während also den Ratten dieses Gesetz gefiel, protestierten die Mäuse.

Der Mäuseanführer dachte kurz nach, dann stahl sich seinerseits ein Grinsen auf sein Gesicht. Das war es, jetzt hatten sich die Ratten selbst überlistet: „Gut, das machen wir“, sagte er laut. Die Mäuse schrien empört auf, die Ratten applaudierten wild. Einauge aber stutzte; da stimmte etwas nicht. Schon sprach Weißbart ruhig weiter: „Wenn wir kleinen schwachen Mäuse also durch unser Mäuseloch in Justitias Zimmer schleichen und – oh welche Überraschung – sehr, sehr, seeehr viel Futter in ihrem Napf ‚finden‘, gehört das Futter uns.“

Beim rostigen Gullydeckel, das war überhaupt nicht gut. Einauge zischte wütend. Diese senile Maus mit dem lächerlichen weißen Bart hatte ihn reingelegt, ihn, das smarteste Rattenhirn des gesamten Hinterhofimperiums. Da die Ratten nicht durch das Mäuseloch passten und ein Hineinmarschieren durch die Tür viel zu gefährlich war (da war ja immer noch Justitia), waren sie von der Futterbeschaffung der Mäuse abhängig. Verflixt, das hatte er wieder einmal verdrängt. Es wollte ihm einfach nicht in sein Rattenhirn, dass die Mäuse tatsächlich einen Vorteil haben könnten. Bisher waren immer die Ratten die Sieger gewesen, allein durch ihre Körpergröße. Und jetzt?

„Wie war das noch mal mit der Chancengleichheit?", fragte Einauge in unverfänglichem, unschuldigem, nonchalantem Ton, kombiniert mit seinem weltmännischsten Lächeln. „Ich glaube, wir hatten diese Frage noch nicht abschließend geklärt." Oh ja, auch der Rattenanführer konnte hochgestochen reden. Sollte sich die Maus besser warm einpacken.

„Ähm, ja, die Chancengleichheit", wiederholte Weißbart und lächelte. „Also, wie war das ..."

Im Folgenden überlegten die Tiere zusammen, wie sie alle mit Futter versorgen konnten, ohne dass die gesamte Arbeit an den Mäusen hängenblieb. In diesem Fall war, das hatte nun auch die letzte Ratte erkannt, eine Chancengleichheit schlicht unfair, denn nur die Mäuse passten durch das Mäuseloch. Daher musste das Beuteergebnis gerecht geteilt werden und die Ratten dafür andere Arbeiten übernehmen. „Ergebnisgleichheit", nannte Spinne das. Die Wörter allerdings waren den Ratten piepegal, sie wollten nur ihr Futter sichern.

Dafür, dass die Mäuse weiterhin unter Einsatz ihres Lebens das Futter aus Justitias Napf und aus deren Zimmer bugsieren würden, sollten die Ratten das Futter in die gemeinsame Speicherkammer tragen und zusätzlich die Trinkwasserversorgung sichern: den Napf sauber halten und unter den Hahn schieben, wenn das Wasser ausging.

Dabei beließen die Tiere es erst einmal. Den Gedanken an Eigentum hatten die Ratten fürs Erste verdrängt.

Ah, doch, eines gab es noch. Weißbart hob die Pfote, um für Ruhe zu sorgen. Überraschenderweise funktionierte es, die Ratten hatten noch nicht zu ihrem alten, selbstgefälligen Ton zurückgefunden. Zu schockiert waren sie von den Begriffen wie Chancen- und Ergebnisgleichheit ...

„Es gibt ein Gesetz, das lebenswichtig ist", sprach Weißbart. Einauge seufzte. Was jetzt noch? Konnte diese Maus nicht mal die Schnauze halten?

„Es geht um ... den Jägermenschen!"

Erschreckte Aufschreie kamen aus den Reihen der Mäuse, dumpfe Seufzer aus denen der Ratten.

„Das betrifft besonders euch Ratten", redete der Mäuseanführer weiter.

„Ja, ja, das WISSEN wir inzwischen. Wir Ratten sind der Ursprung allen Übels, blablabla ..." Dass Rüpelratte diese Worte kannte, überraschte, aber dem Grundgefühl der Genervtheit schloss sich Einauge innerlich beherzt an. „Also?“, stieß er deshalb hervor. „Was sollen wir Unmöglichen tun?“

„Das ist nicht der richtige Zeitpunkt für Überheblichkeit, Ungeduld und Selbstmitleid“. Huuu, Weißbart trieb es etwas zu weit, dachte Minchen. Aber allen war klar, dass es ein sehr wichtiger Punkt war; ihr Überleben hing davon ab, dass die Ratten sich unauffälliger benahmen. Offenbar war das auch Einauge bewusst, der wieder einmal seine Ratten zurückhielt, die sich gerade mit drohend aufgerissenen Mäulern auf diese besserwisserische Maus stürzen wollten. „Jetzt spuck‘s endlich aus!“ Seine Geduld war am Ende.

„Die Zweibeiner dürfen auf keinen Fall von unserer Existenz erfahren! Das ist das oberste Gebot hier im alten Gerichtsgebäude.“ „Was passiert sonst? Stehlen auch sie unser Fressen?“, entfuhr es einer der Ratten.

Weißbart blieb ruhig. „Dann kommt der Jägermensch und holt uns. Er fängt uns alle. Er hat einen großen Sack, in den er alle Mäuse und Ratten stopft. Und was er dann mit uns macht, will ich mir nicht ausmalen.“ Jetzt waren auch die Ratten stumm und bleich um die Schnauzen.

„Wenn die Zweibeiner uns bemerken, rufen sie ihn und er kommt uns holen.“ Die letzten Worte hatte Weißbart geflüstert. Mehr brauchte es nicht: Der gesamte Raum war still. Die Angst vor dem Jägermenschen hatte auch unter den Ratten um sich gegriffen.

„Sie dürfen uns nicht bemerken."

Und damit drehte Weißbart sich um und verließ die Gruppe. Die Stille blieb.

3. KAPITEL

Auch als sich die Tiere längst zerstreut hatten, dachten alle noch lange an die unsichtbare Bedrohung, der sie ausgesetzt waren. Weißbarts Ansprache schien zu wirken: An diesem und am nächsten Tag hörten die Bewohner des alten Gerichtsgebäudes tatsächlich weniger Lärm von den Ratten. Sichtlich schockiert, rotteten sie sich in kleinen Grüppchen zusammen und machte ihrem Ärger Luft. Sie konnten es nicht glauben: Sie, die Unbesiegbaren, die Listigen, sie, die sich die Mäuse zu perfekten Dienern und Sklaven herangezogen hatten, waren von ihnen vorgeführt worden. Ja, schlimmer noch, die Mäuse hatten sie in der Hand. Es war unfassbar. Natürlich zischten sie sich Rachepläne zu, sannen eifrig nach Hintertürchen, Hinterhalten oder offenen Angriffen. Sie spielten gedanklich alles durch – um immer wieder an diesem einen, höchst ärgerlichen

Hindernis zu scheitern: Die Mäuse hatten die Macht über das Fressen.

Gerade als die Gruppe um die Ratte mit der fehlenden Kralle wieder einmal genervt loszog, um unter innovativen Flüchen den Wassernapf zu füllen, schoss aus einem Loch im Kamin eine weitere Ratte in den Raum, stoppte, fiel fast vorn über, schnappte nach Luft und keuchte dann: „Kommt mit! Kommt alle mit! Ihr werdet nicht glauben, was wir gefunden haben." Die anderen Ratten wechselten schnelle Blicke. Rüpelratte mit der fehlenden Kralle winkte wütend ab. „Lass das. Es hat keinen Sinn. Diese bescheuerten Mäuse haben tatsächlich gewonnen."

„Ja und?", säuselte der neue Kamerad. „Deswegen können wir doch etwas Spaß haben." Spaß? Das ließ die Spitzschnauzen aufhorchen. Was meinte er damit? „Wovon sprichst du?", fuhr Rüpelratte ihn an. „Ich meine, dass wir etwas Großartiges gefunden haben. Kommt mit." Als die Ratten sich ihm anschlossen und neugierig in das Kaminrohr folgten, rochen sie dort etwas Bekanntes, etwas Gefährliches. Der Geruch war vertraut und mit ihm war Risiko verbunden. Das kam ihnen gerade recht. Risiko machte Spaß. Was war das bloß?

Sie hatten keine Zeit zu fragen, so schnell lief ihr Frontmann vorweg. Aber je weiter sie durch das Rohr rasten, desto deutlicher wurde der Geruch. Sie erkannten es:

Gefahr! „Feuer!“, rief Rüpelratte. „Wir müssen Einauge warnen.“ „Flüchtet!“ „Rette sich wer kann“, schrien sie alle durcheinander. „Ruhe!“, fauchte die Ratte, die sie ins Kaminrohr geführt hatte. „Seid bloß still. Es ist alles gut, aber die Mäuse müssen es ja nicht mitbekommen.“ Und er schoss aus dem Ende des Kaminrohrs heraus in die alte Feuerstelle des Kaminzimmers, einer der Archivräume.

Der Kamin wurde seit Jahrzehnten nicht mehr benutzt und war fast sauber. Fast – etwas schwarz sahen die Ratten doch aus. Aber das interessierte sie nicht – spannender war das, was sich vor ihren Augen darbot: Ein paar ihrer Kumpanen tanzten auf einem rot-weißen Plastikding herum, während andere vorne an einem Metallrädchen drehten. Es knisterte lustig, schrabbte auch ein wenig, und schließlich, als zwei Ratten eine Art Hebel betätigten, spie das Plastikrohr Feuer! Schnell gingen die unwissenden Neuankömmlinge in Deckung, während die anderen jubelten. Vorsichtig blinzelten die Ahnungslosen aus ihren Verstecken hervor. „Was ist das?“, fragten sie. „Das, meine werten Rattenkollegen“, plusterte sich eine der beschäftigten Ratten auf, „das ist ein Marlboro. Steht drauf. Und es ist prima: Es spuckt Feuer, wenn man dreht und zieht, und es schluckt es auch wieder. Total sicher, ehrlich.“ Die anderen misstrauten ihm, aber je öfter die Feuerzunge aus dem Plastikrohr geschossen kam, desto mutiger wurden sie.

Bald herrschte unglaublicher Krach im Kaminzimmer. Immer wieder betätigten sie das Feuerzeug, tanzten um die Flamme herum und spielten Brandopfer. Irgendwann kamen sie auf die Idee, mit den Flammen zu zielen. Nacheinander sengten sie Akten, Teppich und Dielenboden an und traten das Feuer schnell wieder aus. Mit der Zeit wurde das langweilig. Die Feuerteufel schnupperten umher, bis sie an die Besenkammer kamen. Das war ein großer Spaß. In der Besenkammer gab es Stofflappen, Reisigbesen und anderes, was man ansengen konnte. Es war ein Höllenspektakel. Und wenn man Staub in die Flammen pustete, dann glitzerten kleine Funken auf und strahlten – das sah toll aus in der dunklen Besenkammer.

Plötzlich, angelockt durch den Lärm, schoben sich kleine Mäuseschnauzen aus dem Kaminrohr. Vor lauter Staunen vergaßen sie, sich zu verstecken, und prompt hatten die Ratten sie gesichtet. „Hey, wir haben Besuch!“ Sofort stürzten sich große Ratten auf kleine Mäusejungen und zogen sie in die Mitte des Raums. „Sieh an, sieh an, wen haben wir denn da.“ „Ihr traut euch in die Höhle des Löwen? So ganz ohne Mutti? Ohne euren senilen Weißbart?“ „Wie mutig.“ Die Ratten höhnten, zogen und schubsten die Mäuse hin und her … Niemand weiß, wer auf die Idee kam, aber am Ende mussten die Schwanzspitzen der Mäusejungen als Fackeln herhalten. Das stank zwar nach versengtem Fell, aber die Haare, die sich an den Schwänzen sträubten, glühten so lustig auf. Die Ratten bekamen sich nicht mehr ein vor Lachen, zumal die verängstigten Gesichter der Jungmäuse den Spaß noch verdoppelten.

Ein dumpfer Aufprall ließ alle verstummen. Dann noch einer und noch einer. Bumm, bumm, bumm. Die Decke und die Deckenlampe vibrierten. Staub rieselte herab. Etwas sehr Schweres musste das sein, was sich über ihnen bewegte. Bumm, bumm, bumm ... das konnte nur ... Beim Rattenheiligen: Das waren menschliche Schritte, direkt über ihnen.

Alle hielten die Luft an. Über ihnen lagen die Büros im Westflügel, die nicht mehr benutzt wurden. Nie verirrte sich ein Mensch dorthin. Was passierte da? Sie mussten an Weißbarts Drohungen denken, und alle hatten den gleichen panischen Gedanken: der Jägermensch. Er hatte sie entdeckt. Er würde sie alle holen.

Eine Ratte machte sich ins Fell; ihr direkter Nachbar traute sich nicht einmal abzurücken. Ratten und Mäuse standen starr, gelähmt vor Angst. Das erste Mal seit Tagen übertrugen auch die Rohre keinen einzigen Laut. Es schien, als ob das Gerichtsgebäude selbst die Luft anhielte.

Bumm, bumm, bumm ... der Mensch bewegte sich wieder, stoppte, ging weiter. Er suchte etwas: sie! Es hörte sich so an, als ob der Zweibeiner zum Fenster marschierte, dort verharrte, dann wieder in Richtung des Korridors ging. Er kam näher, näher uuund – er durchschritt die Tür, soweit die Tiere das ein Stockwerk tiefer erlauschen konnten. Die Erlösung: Die Schritte entfernten sich. Dennoch regte sich kein Tier, so lange nicht, bis die Schritte endlich verklungen waren. Eine Ratte kippte vor Erleichterung um. Die, die sich ins Fell gemacht hatte, rannte quietschend weg und ihr Nachbar führte einen Ekeltanz auf. Die Anspannung verpuffte und die Erleichterung war groß. Bis Getrappel im Kaminrohr die Ankunft sehr aufgeregter Gesellen ankündigte: Ins Zimmer schossen Weißbart und Minchen gefolgt von Einauge und weiteren Hausbewohnern.

„Was habt ihr getan!", fauchte Weißbart in unterdrückter Lautstärke. Gleichzeitig riss er die Pfote hoch, um Minchen die Schnauze zuzuhalten. Das fehlte noch, dass sie mit ihrem eindringlichen Organ anfing zu keifen; das würde den Zweibeiner direkt zurückholen. Neben ihm machte Einauge einen drohenden Buckel und heischte die Ratten vor ihm an. „Seid ihr vollkommen verblödet? Habt ihr getrockneten Madenkot geschnupft? Eure Erbsenhirne in Aspik gekocht? Unfassbar." In der folgenden Stille drang eine Stimme von oben herab: „Der Zweibeiner hat das Haus verlassen. Er hatte sich wohl nur verlaufen." Das war Spinne. Sie hatte vom Zweibeiner unbemerkt sein Tun verfolgt und konnte nun Entwarnung geben. Das war knapp gewesen. Alle atmeten auf.

Weißbart drehte sich zu Einauge um und fuhr ihn an: „Das muss Konsequenzen haben. Es reicht. Nicht nur, dass tagein, tagaus das wilde Gejohle deiner Ratten durch sämtliche Türritzen, Luftschächte und Fenster dringt, dass ihre Tanzeinlagen auf Heizkörpern oder Mutproben auf Wasserleitungen von den Rohren durch das gesamte Gerichtsgebäude getragen werden, jetzt habt ihr es wirklich fast geschafft, dass der Jägermensch uns erwischt. Ich habe euch gewarnt, euch die Regeln erklärt. Aber ihr wollt ja nicht zuhören." Betretenes Schweigen stand im Raum. Selbst Einauge fand keine Worte.

„Und was ist das?!?" Minchen hatte sich aus Weißbarts Pfotengriff gewunden und zeigte entsetzt auf die Jungmäuse, die sich jetzt wieder trauten und eifrig ihre Schwanzspitzen kühlten: Sie pusteten, rieben sie auf dem kühlen Boden und versuchten, sie in den Luftzug zu halten, der aus dem Kaminrohr blies. „Das ist doch wirklich – WER WAR DAS?" Weißbart konnte nicht mehr an sich halten. Er schrie vor Wut auf. „Pssst!" zischten die Ratten, „der Jägermensch könnte dich hören." Weißbart platzte. Diese Ratten waren sadistische Schmarotzer, anstands- und gewissenlos, Ausgeburten der Hölle, jawohl ... Spinne ließ sich vor ihm ab. „Achtung", summte sie. „Weißbart, beruhige dich. Komm wieder zu dir." Zu den Ratten sagte sie, eindringlich auf Einauge weisend: „Das wird Konsequenzen haben. Einauge, Regeln müssen befolgt werden. VON ALLEN! Alle Tiere sind gleich und haben die gleichen Rechte. Ihr habt die Regeln gebrochen und noch dazu die Jungmäuse misshandelt. Ihr habt damit die Freiheit eurer Mittiere verletzt und gegen die Tierrechte verstoßen. Das MUSS strafrechtlich verfolgt und geahndet werden." Obwohl Spinne aufgrund ihrer Körpergröße leise sprach, hatte jeder sie verstanden. Und auch wenn die meisten Ratten und Mäuse nicht wussten, wovon Spinne sprach, ahnten sie, dass etwas Unangenehmes passieren würde.

„Nicht umsonst leben wir in einem Gerichtsgebäude. Wir wissen, was wir zu tun haben", sprach Spinne weiter. „Wir sehen uns in zwei Stunden im ersten Archivraum." Damit krabbelte sie an ihrem Spinnenfaden wieder zur Decke. Minchen fasste Weißbart an der Pfote und zog ihn zum Kaminrohr. Die Mäusemütter rannten zu ihren Jungen und machten viel Aufheben um die angesengten Schwanzspitzen. Nacheinander verließen alle Mäuse das Kaminzimmer.

Zurück blieben die Ratten. Zerknirscht schielten sie zu Einauge. Sein Auge starrte sie wild an, dann drehte er sich um und ging. Weiß der Kakerlakenkönig, wohin Einauge immer verschwand, wenn er allein sein wollte; aber keiner wagte es, ihm zu folgen, erst recht nicht in diesem Moment.

Spinne, die sich als Beobachterin und Wächterin verstand, besprach sich mit Beweisstück. Der ausgestandende Schrecken war Grund genug für drastische Maßnahmen. Hinzu kam, dass während einer Gerichtsverhandlung am selben Tag gleich mehrere Zweibeiner auf die zwar entfernten, dennoch wahrnehmbaren Geräusche reagiert und aufgehorcht hatten. Sicher, es waren die Menschen in den vielen Bänken und nicht die, die hinter dem hohen Pult in diesen seltsamen Umhängen saßen. Spinne wusste, dass die Zweibeiner in den Holzbänken nicht in das Gerichtsgebäude gehörten. Sie waren nur Gäste. Wirklich wichtig waren die in den schwarzen Roben, die auf dem Podest saßen. Bisher hatten sie die Ankunft der Ratten im alten Gemäuer nicht bemerkt. Aber es wurde schwierig, die Anwesenheit der Unruhestifter geheimzuhalten, wenn sie sich so aufführten.

Beweisstück spürte Spinnes Besorgnis. Sie erzählte ihm, wie Weißbart tagsüber trotz der erklärten Regeln mehrmals hatte einschreiten müssen. Immer wieder hatte er besonders auffällige Ratten ermahnen müssen, ruhig zu sein, keine Rülpsmeisterschaft direkt im Nachbarzimmer von Justitia auszuführen oder Klettermutproben an den Heizungsrohren zu starten. Aber mit dem eben Geschehenen hatten die Ratten den Gipfel erreicht. „So geht das nicht weiter! Und was macht Einauge eigentlich, während seine Ratten uns alle in Lebensgefahr bringen?“, fragte Beweisstück. Ein dumpfer Blick von Spinne; noch nicht einmal sie wusste, wo der Rattenanführer seine einsamen Stunden verbrachte.

„Ja, was macht der eigentlich?“, wunderte sich Spinne. „Ab und an, wenn es zu arg wird, taucht er aus dem Nirgendwo auf und faucht seine Horde an. Dann halten sie kurz still, aber sobald er wieder abgetaucht ist, geht es weiter.“ Spinne überlegte: „Eben war er allerdings sehr wütend. Also hat er doch so etwas wie ein Gespür für richtig und falsch?“ Beweisstück sann kurz darüber nach. „Ja, und zwar genau dann, wenn das Fressen oder der Komfort der Ratten bedroht ist. Also setzen wir da an. Damit packen wir ihn.“

„Aber wie?“ Spinne piepste vor Verzweiflung.

„Wir werden Gericht halten.“

„?“

„Wir machen es wie die Menschen: Wir halten eine Verhandlung ab. Verlesung der Anklage, Verteidigung, Anhörung von Zeugen, Schlussplädoyer, Strafverkündung. Da die Ratten auf keinen Fall ihr gutes Leben hier bei uns gefährden wollen, wird Einauge eine Strafe – solange sie nicht ihn selbst trifft – akzeptieren.“

„Der Versuch ist es wert. Ich habe den Ratten gesagt, dass wir uns gleich treffen. Ich werde jetzt Weißbart unseren Plan erzählen und alle zusammentrommeln.“ Schon krabbelte Spinne von dannen.

Während Spinnes Anordnung, sich im ersten Archivzimmer zu treffen, durch das alte Gemäuer getragen wurde und Weißbart, der inzwischen informiert worden war, den Holzscheit zurechtrückte, der als Richterpult herhalten sollte, hörte er plötzlich ein Scharren. Als er sich umdrehte, schob Beweisstück seinen kantigen, verhornten Kopf um die Ecke. Großartig, das freute Weißbart. Er hatte schon besorgt überlegt, wer als Richter agieren sollte. Er als direkt Betroffener, als eines der Opfer, konnte das ja nicht übernehmen. Wie Spinne Beweisstück überredet hatte? Es sollte ihr Geheimnis bleiben, denn in diesem Moment rauschte der Rattenanführer in den Archivraum. Ein merkwürdiger Duft folgte ihm, den Weißbart nicht einordnen konnte.

Einauge hatte sich von der Jägermensch-Geschichte erholt und ärgerte sich über die selbstherrlichen Mäuse, die ihm und seiner Bande Gesetze unter die Schnauzen setzten. Wütend war er der Anordnung von Spinne gefolgt und stand nun bebend vor Weißbart. „Also, was soll das hier werden?“, fauchte er. Weißbart setzte an: „Wir werden aus gegebenem Anlass ...“ „Aus GEGEBENEM ANLASS? Spinnst du?“ Einauge überlegte, ob er nicht einfach zubeißen sollte.

„Hmhmmm“, erklang es hinter ihm. Es war kaum eine Stimme zu nennen, eher ein Knarzen. Einauge wirbelte herum. Was war das? Ein riesiges horniges Ding schob sich in Augenhöhe auf ihn zu. So etwas hatte er noch nie gesehen. Es sah aus wie aus einer vergessenen Zeit. Dann bewegte sich seine Oberfläche, und Einauge erkannte, dass es sich um einen Kopf handelte. Er war fast so groß wie Einauges kompletter Rattenkörper. Der Kopf drehte sich zur Seite und ein äonenaltes Auge schaute ihn an. „Icccch bin Beweisssstück. Selten erlaube ich es den Bewohnernnn, mich zu wecken [... Pause ...] Ich bin alt [... Pause ...] und liebe meinen Schlaf. Doch heute schien es mir richtig aufffzuwachen. [... Pause ...] Was mir zu Ohren kam, ist ungeheuerlich." Einauge wollte aufbrausen, da schnellte Beweisstück unerwartet seinen Kopf herum und ein schnabelartiger Mund schnappte nach der Ratte. Der Rattenanführer zuckte zusammen und riss die Pfoten hoch, verbarg sie aber gleich wieder: Nicht auszudenken, wenn das Ding zuschnappte.

„Hm", zufrieden nickte Beweisstück. „So ist es besser. [... Pause ...] Also, wo war ich?" Seine langsame Art zu sprechen machte Einauge wahnsinnig. Aber er traute sich nicht einmal, ungeduldig mit dem Fuß aufzutippen. „Ah ja, das Ungeheuerliche [... Pause ...]." Und plötzlich feuerte Beweisstück seine Worte wie eine Feuersalve gegen Einauge: „Deine Ratten haben ein Feuerzeug gefunden und betätigt. Sie haben nicht nur Mäusejungen die Schwänze angesengt, sie haben in der Besenkammer gezündelt und damit das Leben aller gefährdet. Das Haus hätte abbrennen können, mitsamt euch ignorantem Getier. Ihr habt Regeln in diesem Haus vereinbart, Regeln, an die sich alle halten müssen. Ihr habt das nicht getan und damit uns alle in Gefahr gebracht. Ihr müsst dafür die Konsequenzen tragen." Die Ratte wollte etwas sagen. Beweisstück winkte ab. „Spar dir das, wir werden das in der Gerichtsverhandlung klären und die Strafe festsetzen." Strafe? Festsetzen? Gerichtsverhandlung? Die Wörter schwirrten hinter Einauges leerer Augenhöhle, und er wusste, dass das wonnige Leben im Gerichtsgebäude für ihn und seine Ratten vorbei war. Mist! Aber die Mäuse würden sich das doch nicht trauen. Ein Blick auf Weißbart, und Einauge wurde klar, dass die Mäuse fest entschlossen waren.

Inzwischen waren alle Mäuse und Ratten eingetroffen wie auch andere Tiere: Spinnen, Käfer, sogar Vögel, die unter dem Dach nisteten, waren unter der Schar.

Beweisstück nahm hinter dem Holzscheit Platz. Spinne ließ sich auf dem Scheit nieder, und Weißbart setzte sich als Zeuge zu seinen Mäusen, die sich in ordentlichen Reihen vor dem Holzscheit sammelten. Die Ratten, die sich Einauges Intermezzo mit diesem Ding angeschaut hatte, standen hinter den Mäusen und wussten nicht, was sie tun sollten. Fragend schauten sie ihren Anführer an. Der deutete nur wortlos mit seiner Schnauze auf den Boden. Alle setzten sich.

„Hierrrmit eröfffffne ich die Verhandlung“, sprach Beweisstück. Und es ging los. Spinne verkündete die Anklage – sie hatte das oft in den oberen Räumen des Gerichts gesehen. Die Menschen, die dies taten, nannten sich „Staatsanwalt“ und klagten gerne über „Besoldungsgruppe R“ und „Bereitschaftsdienste“ – was auch immer das heißen sollte. Die angeklagten Marlboro-Ratten mussten sich neben den Holzscheit vor die Mäuse setzen und wurden mit Fragen bombardiert. Nach und nach erzählten sie alles, was sie mit dem Feuerzeug getrieben hatten. Auch Einauge durfte Fragen stellen und versuchte, die Ratten zu verteidigen. Aber er ritt sie nur immer weiter hinein: Wann immer er eine Frage stellte, sprudelten die Ratten voller Respekt und Angst vor ihm die Wahrheit heraus. Die so hervorgezauberten Geständnisse machten alles nur schlimmer. Schließlich gab es nichts mehr zu verteidigen, und alle starrten die Angeklagten böse an. Einauge schaute nur noch stumm auf seine Krallen. Das hier ging gründlich schief.

Nachdem die Zeugen gehört waren, legte Spinne sich ins Zeug – das hatte sie im Gerichtssaal schon oft erlebt, „Pledojeh“ nannten das die Menschen, wenn der Staatsanwalt eine Strafe forderte (oder so ähnlich, die Akustik im Gerichtssaal war nicht die beste). „Hohes Gericht, werte Mäuse, liebes Beweisstück, ich ...“

Weiter kam Spinne nicht, sie wurde von einem lauten Rascheln unterbrochen, das aus der Richtung von Spikey kam.

„Ruhe“, zischte Beweisstück, „sonst lasse ich den Gerichtssaal räumen.“ „Du meinst das Archiv“, murmelte Spikey. „Was kaust du da?“, fragte ihn Spinne. „Den Fall mit den ausgestopften Tieren“, gab Spikey zu. Im Aktenschrank war er inzwischen bis zu den Akten unter dem Buchstaben T gekommen. Als er in die Akte hineingeschaut und die Wörter „Tiere – ausgestopfte“ gelesen hatte, hatte er sofort angefangen, die Akte wegzuknabbern, obwohl sie einen fiesen Beigeschmack hatte. „Schmeckt widerlich“, brummelte Spikey, während er auf einem Stück Akte herumkaute, auf dem noch eine merkwürdige Buchstabenkombination zu essen, äh lesen war – AZ 540 Js 11345/10. Was das wohl heißen mochte? Spinne schaute interessiert auf das Papier in Spikeys Pfoten – war das nicht eine Idee?

„Hohes Gericht ..."

„Ja, ja, schenk dir das, komm zur Sache", nörgelte Einauge, „na, was wollt ihr jetzt mit uns machen – etwa ausstopfen?"

In dem Moment, in dem er es ausgesprochen hatte, zuckte Einauge innerlich zusammen – diese Mäuse würden doch nicht ...?

„Das scheint durchaus eine Idee", warf Spinne ein, „die Menschen machen das auch, wie wir an Spikeys Akte sehen, und dann können wir sicher sein, dass die Übeltäter in nächster Zeit so etwas nicht wieder ..."

„Dir haben sie wohl das Netz zu eng gewebt, du achtbeinige Plage“, brüllte Einauge so laut in den Raum, dass selbst Spikey für einen Moment vergaß zu kauen. Mäuse und Ratten hielten den Atem an. „Ausgestopfte Tiere“ klang nicht gut, gar nicht gut. Eine der Ratten ließ sich fallen und rollte bibbernd am Boden. Die, die sich schon während des Zweibeiner-Besuchs ins Fell gemacht hatte, fühlte den Harndrang wieder steigen, und ihr Nachbar sprang hektisch zur Seite.

„Rrrruhe, sonst lasse ich den Gerichtssssssaal räumen“, zischte Beweisstück. „Archiv“, murmelte Spikey und erntete dafür einen bösen Blick. „Ausstopfen scheint mir schon etwas übertrieben, vielleicht sollte die ehrenwerte Spinne sich etwas mäßigen.“ Huh, „ehrenwert“, das klang so – professionell. Die Tiere waren beeindruckt.

„Das Ziel muss es doch sein, dass so etwas nicht wieder passiert“, entgegnete Spinne, „und wenn wir sie dann schon nicht ausstopfen, dann sollten wir anderweitig dafür sorgen, dass keine Mäuseschwänze mehr brennen. Wie wär's, wenn wir sie sicherheitsbewahren?“ Spinne war stolz auf dieses Wort, das sie im Gerichtssaal aufgeschnappt hatte (nun gut, die Akustik in den Gerichtsräumen war nicht immer die beste, wie wir bereits wissen).

„???“

„Das bedeutet, dass wir sie einsperren und nicht mehr rauslassen – die Menschen sagen dazu auch 66 StGB“, trompetete Spinne. Endlich konnte sie einmal zeigen, was sie bei den Menschen so alles gelernt hatte.

Wäre Einauge ein Mensch gewesen, so wäre er jetzt rot angelaufen. „Du, Duu, Duuu ...“ Bevor er explodieren konnte, zischte Beweisstück gefährlich in den Raum. „Jetzzzt ist hier Rrrrruhe.“ Das klang sehr, sehr gefährlich. Einauge erinnerte sich an den schnappenden Kiefer und hielt die Luft an.

„Ohne Frage“, hob Beweisstück an, „ohne Frage darf sich dies nicht wiederholen – doch wir dürfen nicht über die Stränge schlagen. Ausstopfen? Nein. Einsperren? Ja. Für immer? Nein, das würde zu weit gehen. Mäuseschwänze anzünden ist ein schweres Vergehen, aber dafür sollte man nicht lebenslänglich bezahlen. Ich verkünde jetzt das Strafmaß.“

Die Tiere hielten die Luft an. Jetzt wurde es ernst.

„Zur Strafe für die mutwillige Gefährdung unserer aller Leben werden die Angeklagten zu vier Tagen Hungern verurteilt. Während dieser Zeit werden sie dieses Zimmer nicht verlassen. Drei Mal täglich bekommen sie Wasser, ansonsten können sie gerne putzen, die von ihnen zerstörten Möbel wieder herrichten oder sonst etwas Gutes tun. Niemand, ich wiederhole, NIEMAND wird sich ihnen nähern, außer den Wasserbringern. Die Sitzung ist geschlossen."

Verzweifelt schauten die angeklagten Ratten zu ihrem Anführer – eingesperrt sein, das mochte keine freiheitsliebende Ratte, sie waren es gewohnt, immer und jederzeit überall herumzustreunern. Einauge schüttelte den Kopf und trottete aus dem Zimmer. Auch die Mäuse verließen den Raum. „Leg das hin", wies Weißbart Spikey an, der nicht einmal widerwillig die zerknabberte Akte weglegte. Sie schmeckte ekelhaft. „Wir gehen."

Damit verließen alle den Raum, und Weißbart verschloss auf ein Kopfnicken von Beweisstück hin den Zugang mit Balken und Riegel. Die erste Gerichtsverhandlung unter Tieren hatte stattgefunden. Die Ratten waren weniger selbstsicher und bekamen eine Ahnung von Gerechtigkeit.

Weißbart und Spinne dankten Beweisstück, das nur abwehrend seinen Kopf schüttelte. „Immer wieder gerne." Damit kroch es zu seinem Schlafplatz und verzog sich wieder in seinen Panzer für den nächsten, hoffentlich lange währenden Schlummer.

Der restliche Tag verging ereignislos. Es blieb auffällig ruhig im Gerichtsgebäude, und auch die Nacht und die nächsten Tage nahmen einen ruhigen Verlauf.

4. KAPITEL

„Alle Tiere sind gleich“, murmelte Rüpelratte, während er den Cognac schlürfte, „aber einige Tiere sind gleicher.“ Sein Kompagnon starrte ihn an. „Das ist genial“, säuselte er und unterstrich das unfreiwillig durch einen Rülpser. „Hab ich irgendwo gehört“, murmelte Rüpelratte. Und sie tranken weiter.

Ja, die Ratten hatten schließlich herausgefunden, wohin ihr Anführer immer wieder verschwand. Während der vier deprimierenden Tage in Haft hatten die Unruhestifter viel nachgedacht. Hatten die Mäuse gehofft, die Gefangenen würden über ihre Untaten nachsinnen und Reue entwickeln, hatten sie sich getäuscht. Wen überrascht das wirklich? Stattdessen hatten die Nager tagelang die Frage gewälzt, warum ihr Anführer sie im Stich gelassen hatte. So sahen sie Einauges Verhalten: Er hatte sie mit seinen Fragen während der Verhandlung immer tiefer hineingeritten und sie schließlich den Mäusen überlassen. Er hatte sie verraten! Er war ein ganz gemeiner Hund, ähm, Ratte.

Nach ihrer Freilassung hatten die Unruhestifter Einauge gesucht. Den Mäusen hatten sie Frieden und Ruhe vorgegaukelt; tatsächlich aber hatten sie systematisch das Gerichtsgebäude durchkämmt. Sie waren dabei vor Justitias Schnauze herumgehüpft, waren Zweibeinern im wahrsten Sinne des Wortes zwischen die Füße gerannt, so dass ein Kreischkonzert ihre Anwesenheit offiziell machte. Davon wussten die Mäuse allerdings noch nichts. Schließlich hatten die Ratten ihren Anführer im Büro des Richters gefunden, ein in warmen Holzfarben eingerichteter Raum, der sehr gut roch. Ehrlich, er duftete ganz vorzüglich, etwas süß, ein bisschen nach alten Eichenfässern, nach ... Cognac! Und da hatte Einauge gelegen: Ausgestreckt auf den Holzdielen, hatte er sich in einem Sonnenstrahl geaalt, der durchs Fenster fiel, und sich aus einer umgekippten Flasche dann und wann einen Tropfen Cognac ins Maul und die Kehle herunterrinnen lassen. Die Schnapsflasche, die während des Bebens von der Baustellenkatastrophe umgefallen war, hatte eine kleine Pfütze ausgespuckt, durch die Einauge auf sie aufmerksam geworden war. Und da er sie gefunden hatte, betrachtete er sie als sein Eigentum – sie war auch der Grund dafür gewesen, dass er seinen Eigentumsvorschlag bei der Verhandlung mit den Mäusen gemacht hatte. Jetzt lag die Flasche auf der Seite, und wenn man sie bewegte, schwappte der goldbraune Saft heraus. Ein Traum, ein Bild des Friedens.

Mit einem wilden Schrei hatten sich drei Ratten gleichzeitig auf ihren Anführer gestürzt und ihn nach allen Regeln der Kunst vermöbelt. „Verräter!" „Dir werden wir es zeigen. Uns verhungern zu lassen und selber hier liegen und saufen." Schließlich war Einauge ächzend zusammengebrochen und hatte sich seitdem nicht mehr gerührt.

„Ist er tot?", fragte die kleinste Ratte. „Quatsch, der schläft nur." „Sollten wir ihm noch einen Tropfen gönnen für einen besseren Schlaf?", fragte die nächste. Rüpelratte grinste. Wenn das keine gute Idee war. Und so nahm das Drama seinen Lauf. Wann immer Einauge Gefahr lief, wieder wach zu werden, flößten ihm die Ratten flugs einen großen Schluck Cognac ein und hielten ihn so über zwei Tage im Dämmerzustand. Währenddessen taten sich die Exhäftlinge selbst am Cognac gütlich. Es gab noch mehr davon: Im Schreibtischschrank am Richtertisch hatten sie eine weitere Flasche gefunden. Man musste nur lange genug an ihr rütteln, drücken und schubsen und ... KLIRR! Die Flasche war umgekippt, zerbrochen und eine weitere, wohl-, wenn auch ein wenig penetrant scharfduftende, braune Pfütze ergoss sich auf dem Boden. Dass Einauge nun mitten in der Pfütze lag und seine Schnauze fast bedeckt war, störte die Tunichtgute nicht. Er bekam, was er gewollt hatte: Cognac!

Erst waren die Saufschnauzen nur zu viert, bald kamen weitere Ratten hinzu. Und natürlich fanden die neugierigen halbwüchsigen Mäuse sie ebenfalls. Offensichtlich hatten sie aus ihren angesengten Schwänzen nichts gelernt. Statt zu fliehen und die großen Mäuse zu informieren, ließen sie sich von Rüpelrattes Gesäusel einwickeln. Denn der hatte eine Chance gewittert, es den Mäusen heimzuzahlen. Rüpelratte grinste: Hatten die Mäuse nicht auf Teilen bestanden? Na, hier und jetzt würden sie teilen. Die Flaschen gaben genug her. Vielleicht würde das mit der Ergebnisgleichheit heute nicht unbedingt hinhauen – schließlich vertrugen die Straßenrowdies durch Körpermasse und Hinterhoftraining am Glascontainer mehr als vollkommen unbeleckte Jungmäuse. Aber immerhin: Die Chancengleichheit war gegeben. Rüpelratte zuckte innerlich mit den Schultern. Hatte er nicht viel dazu gelernt von den Mäusen? Doch, doch, er war ein wirklicher Experte in Rechtsfragen geworden. Ja, ja. Und sie fingen an, den Jungmäusen den Cognac zu verabreichen.

Weiter unten im Gerichtsgebäude tappelte Weißbart unruhig auf und ab. Es war der sechste Tag nach der Gerichtsverhandlung, und noch immer verhielten sich die Ratten ruhig. Diese Stille tippte einen empfindlichen Nerv in seinem Mäusehirn an. Seit zwei Tagen waren die Häftlinge auf freier Pfote ... Nein, Weißbart traute dem Frieden nicht. Was heckten die Graupelze aus? Er beschloss, sie zu suchen. Als er sich auf Pfotenspitzen aus dem gemeinsamen Schlafsaal schleichen wollte, blinzelte Minchen kurz aus ihrem Nachmittagsschlaf. „Was hast du vor?“, flüsterte sie. Er erklärte es ihr. Sie nickte, rollte sich wieder zu einer Fellkugel zusammen und dämmerte weiter vor sich hin. Allerdings pochte auch bei ihr ein Gedanke an: Nicht nur die Ratten hatte sie in den letzten Tagen selten gesehen, nein, auch einige der Jungmäuse waren schon länger nicht mehr im Gemeinschaftsraum aufgetaucht. Sie schreckte hoch, rappelte sich auf und folgte Weißbart.

Oben im Richterzimmer hicksten und kicherten die Jungmäuse bereits. Nach einer weiteren halben Stunde lallten und torkelten sie. Die ersten blauen Flecken und Beulen erblühten, wenn sie wieder einmal gegen die Wand, diverse Kanten und Möbel taumelten. Mit wachsendem Alkoholpegel stiegen auch der Lärm und die Aggressivität. Darauf hatte Rüpelratte gehofft: Sollten die Mäuse sich doch selbst verprügeln. Es dauerte nicht lange, bis die Mäuse so berauscht waren, dass sie einander nicht mehr erkannten, sich jeden Tropfen Cognac neideten und anfingen, rumzupöbeln. Schon begannen die ersten Kämpfe. Allerdings waren die Ratten nicht untätig gewesen und hatten selbst genug vom braunen Gesöff getankt: Als die Mäuse sich ringend auf dem Boden wälzten, um sich traten und schlugen und dabei die Ratten trafen, konnten die sich nicht lange beherrschen, und flugs war eine raumfüllende Massenschlacht im Gange. Es kreischte, kiekste, bummste und wummste, knallte und schrie. Die Flaschen kollerten über den Boden, Stühle und Tische wurden unter lautem Scharren verschoben. Die Kämpfenden langten nach allem, was greifbar war, und es flogen Holzstücke, Steinchen, Stifte und Radiergummis vom Richtertisch und einiges mehr durch die Luft – gerade als Weißbart endlich den Schlachtplatz gefunden hatte. Er war dem wachsenden Lärm gefolgt. Wutschnaubend rauschte er durch die Tür und – bupp, flog der erste Radiergummi an seinen Kopf. Es folgte ein Stück Kreide, ein Holzsplitter und dann – er konnte es nicht glauben – ein Blutspritzer aus der Schnauze einer seiner Jungmäuse. Er vergaß sich. Brüllend hüpfte er auf und ab, fuchtelte, schrie, riss Kämpfende auseinander, trat zu, wenn sie nicht voneinander lassen wollten. Wie eine Furie stob er durch den Raum und versuchte, Ordnung herzustellen. Unterdessen hatte auch Minchen keuchend die Kampfstätte erreicht und wollte gerade nach Weißbart greifen, als ein großer Schatten auf sie fiel. Entsetzt wandte sie den Kopf nach oben ... und schaute in ein großes, dunkles Loch, das sich auf sie herabsenkte.

Minchen war die Erste, die im Sack des Jägermenschen landete. „Kammerjäger“, jetzt verstand sie das Menschenwort: Sie konnte nur verzweifelt zuhören, wie er mit großen Zweibeinerschritten durch die Kammer schritt und alle Mäuse und Ratten einsammelte. Nacheinander fielen sie alle zu ihr in den Sack. Sie hatten es ihm so einfach gemacht. Minchen kämpfte mit den Tränen. Außer Atem, alkoholbetäubt und ihrer Sinne nicht mehr Herr, wie die Streithähne waren, musste der Jägermensch sie nur vom Boden klauben. Immer mehr plumpsten zu Minchen in den Sack. Darunter auch ein immer noch halb betäubter Einauge und ein vor Wut schäumender Weißbart. Schließlich waren sie alle gefangen: Jungmäuse, Ratten und ihre Anführer. Der Sack wurde hochgehoben, und am Schwanken und den Schritten erkannte Minchen, dass der Kammerjäger den Raum verließ. Im Sack war genügend Platz, glücklicherweise waren es nicht allzu viele Tiere gewesen, aber das Heben, Senken und Schaukeln waren furchtbar.

Schlecht konnte Minchen nicht mehr werden, ihr war vor Angst schon übel. Was würde mit ihnen passieren? Das konnte nicht gut ausgehen. Sie dachte an ihre Mäusejungen. Zum Glück war keines ihrer Kinder unter den Trunkenbolden gewesen. Sie schnupfte auf. Nie wieder würde sie bei ihnen sein, sie nie wiedersehen. Minchen fing an zu weinen. Die anderen merkten es nicht einmal. Das Schaukeln hatte ihnen den Rest gegeben. Ächzend und stöhnend wunderten sie sich durch den Alkoholdämmer, was gerade mit ihnen geschah.

Und weiter ging das Schwanken und Schaukeln. Der Bewegung folgend, konnte Weißbart bestimmen, ob der Jägermensch nach rechts oder nach links ging; aber er hatte längst die Orientierung verloren. Was hätte die auch genutzt? Der Jägermensch würde kurzen Prozess mit ihnen machen. Hatte er erst einmal Tiere in seinem Sack, band er ihn zu und warf ihn ins Wasser. Das hatte der Mäuserich von Beweisstück gelernt. Den Tieren hatte er diese Horrorgeschichte nicht erzählt. Nun, jetzt war es eh zu spät. Fast war er froh über die Trunkenbolde: In ihrem Alkoholzustand würden sie nichts mitbekommen und nicht leiden. Er schloss die Augen; es war aus.

Plötzlich hörte das Schaukeln auf und mit einem unangenehmen Plumps landete der Sack auf dem Boden. Der Jägermensch ging weg. Weißbart hörte, wie dieser die Tür hinter sich schloss. Es wurde dunkel. Weißbart lauschte angestrengt: Er hörte nichts. Waren sie noch im Gerichtsgebäude? Vermutlich ja. Wenn er nur etwas sehen könnte.

„Weißbart?“, hörte er da jemanden flüstern. Das war Minchens Stimme. „Minchen? Bist du hier?“, fragte er aufgeregt. „Ja, hier, ganz unten.“ „Geht's dir gut?“ „Ja, und dir?“ „Außer der Todesahnung, doch, relativ gut.“ Minchen grinste. Wenn es arg wurde, bildete Weißbart immer einen feinen Endzeithumor aus. „Was machen wir jetzt?“, fragte sie ihn. „Lass uns überlegen.“ Minchen und Weißbart grübelten. Was konnte ihnen jetzt noch helfen? Sie könnten schreien – aber damit liefen sie Gefahr, die restlichen Mäuse und Ratten ebenfalls auszuliefern. Nein, keine gute Idee. Während Minchen angestrengt nachdachte, rutschte sie mit ihrem feminin ausgeprägten Gesäß mehrfach hin und her. Auf einmal realisierte sie, warum. Unnachgiebig drückte ihr etwas Rundes in die Seite: Sie saß auf einem Rohr! „Weißbart! Weißbart“, flüsterte sie aufgeregt.

„Was?“

„Ich sitze auf einem Rohr.“

„Oh, wie unangenehm für dich, das tut mir leid. Kannst du nicht wegrücken? Soll ich dir helfen?“ „Nein, nein. Kapierst du denn nicht?“

„???“

„Ich sitze auf einem ROHR!“

„??? ... Oh, oh, oooh! Ein Rohr, oh, das ist ja fantastisch.“

Sie hatten sich beide daran erinnert, wie der Tumult der Ratten von den Rohren durch das gesamte Gebäude getragen worden war. Das war ihre Chance, auf sich aufmerksam zu machen, ohne den Kammerjäger direkt wieder auf den Plan zu rufen. Minchen kämpfte sich frei und fing an, ganz behutsam auf dem Rohr zu trippeln.

„Wo sind sie hin? Wo sind sie hin?“ Fast panisch jagte Spinne an der Decke durch alle Zimmer des Gerichtsgebäudes. Sie hatte Minchen hinter Weißbart aus dem Gemeinschaftsraum huschen sehen und seitdem nicht mehr aufspüren können. Von irgendwoher hatte sie dann Tumult gehört. Als sie dem Lärm folgen wollte, war er plötzlich verstummt. Seitdem fehlte jede Spur. Und nicht nur Weißbart und Minchen waren verschwunden, noch dazu Jungmäuse und einige Ratten. Spinne ahnte nichts Gutes. Hatten die Ratten den Mäusen etwas angetan?

Spinne hielt an. Es half nichts: Sie musste die anderen Tiere informieren. Sie lief zu den übrigen Mäusen und erzählte schnell von ihrem Verdacht. Aufgeschreckt sahen die Mäuse sie mit großen Augen an. „Nun sitzt nicht so da“, drängte Spinne. „TUT WAS!“ „Aber was?“ Spinne überlegte fieberhaft. Was konnten sie tun? „Trommelt alle Tiere zusammen, wir treffen uns gleich hier im Gemeinschaftsraum. Ich krabbele hoch unters Dach und hole alle Spinnen und Vögel. Sucht ihr alle anderen zusammen."

Sofort stoben alle auseinander und trommelten in aller Eile die gesamte Bewohnerschaft des Gerichtsgebäudes zusammen. Kurze Zeit später saßen sie alle schnaufend und keuchend im Gemeinschaftsraum. Spinne schritt auf und ab. „Wir werden Suchtrupps bilden", sagte sie. „Wir durchkämmen systematisch das Gebäude." Alles nickte. Dann teilte Spinne sie in Gruppen ein und wies jedem einen Bereich im Gebäude zu, wo sie suchen sollten. „Spinne!" Sie war beschäftigt. „Spinne!" Nichts. „SPINNE", schrie eine kleine Maus, eins von Minchens Kindern. Endlich schaute Spinne auf. „Was denn?" „Hörst du das auch?", fragte das Kleine. „Was?" „Hör genau hin." Und alle hielten die Luft an und lauschten. Tatsächlich, sehr leise drang ein tippendes Geräusch an ihre Ohren. Es kam von den Rohren. Von irgendwoher übertrugen die Rohre das Tippen, es hatte eine seltsame Folge: Es hatte einen Rhythmus. Erstaunt riss das Mäusekleine die Knopfaugen auf und rief: „Das ist Mama!" Alle sahen es fragend an. „Das ist der Rhythmus von dem Schlaflied, das Mama uns vorgesungen hat. Das muss von ihr kommen. Sie leben!" Jubel brach aus. Da hielt Spinne drei ihrer acht Beine hoch. „Ruhig." Sie dachte nach. Minchen war nicht nur eine gute Sängerin, sie sang auch zu jeder Tages- und

Nachtzeit. Wieso tippelte sie ausgerechnet ein Schlaflied? „Du“, Spinne wies auf das Mäusekind, „wie lautet der Text des Schlaflieds?“ Das Kleine dachte nach: „Schließt die Augen, schließt die Mäuler, stille werde es in der Höhle, der schwarze Mann geht herum ...“ „Der schwarze Mann geht herum“, flüsterte Spinne. Alle Tiere zogen scharf die Luft ein: Der Jägermensch! Minchen musste ihn meinen und die Tiere mit ihrem Lied warnen wollen. Oh Himmel. Das war übel. Panik brach aus. Minchens Kinder hatten sich an den Pfoten gefasst und saßen schreckensstarr da. Der Jägermensch. Sie waren verloren.

Wieder war es Spinne, der es gelang, sich Gehör zu verschaffen. Sie war eine bemerkenswerte Spinne. „Wir werden sie suchen“, ordnete sie an. „Aber wir müssen leise und unsichtbar bleiben.“

Die Vögel flogen wie zufällig außen an den Fenstern vorbei und versuchten hineinzulinsen. Käfer, Spinnen und andere Vielbeiner krabbelten an den Decken der Räume entlang, um nicht gesehen zu werden. Und die Mäuse nutzten alle Geheimgänge, die sie kannten. Nach und nach durchforsteten sie das gesamte Gebäude. Endlich, im Stockwerk des Richterzimmers, fand Spinne in einem Abstellraum einen auffälligen Sack. Er war sehr groß und – was wichtiger war – er bewegte sich. Vor allem eine Ecke sprang auf einem Wasserrohr auf und ab. „Minchen!“ Das Springen hörte auf. „Minchen, bist du das? Ich bin’s, Spinne.“ „Seid doch mal leise, ruhig, hört auf. Habt ihr das auch gehört? Ruhe! Hört auf, euch zu bewegen, könnt ihr nicht mal ...“ Im Sack boxte und fauchte es. Minchens Stimme aber war deutlich herauszuhören.

Endlich stoppte der Sack in seiner Bewegung, beziehungsweise die Tiere in seinem Innern hielten still, und Minchen konnte sprechen: „Spinne? Bist du das? Hast du uns wirklich gefunden?“ „Ja“, fast hätte Spinne gejubelt. „Pssst“, machte Minchen. „Du musst leise sein, ich weiß nicht, wo der Jägermensch ist. Er hat uns alle gefangen.“ „Ich sehe es“, stellte Spinne lakonisch fest.

„Aber Minchen, zur Hölle, was stinkt hier so?“ „Cognac.“ „Cognac?“ Spinne wunderte sich. „Erkläre ich dir später. Spinne, du musst uns hier rausholen. Ich weiß nicht, wann der Zweibeiner zurückkommt. Aber dann wird es sicher nicht lustig für uns. Hilf uns.“ „Ja, Hilfe! Hilfeee!“ Andere Stimmen wurden laut, sie klangen seltsam belegt, und die Worte zogen sich in die Länge. Irgendetwas stimmte da nicht. Aber es galt erst einmal, die Tiere aus dem Sack zu retten.

„Das schaff ich nicht allein“, flüsterte Spinne. „Ich muss die anderen holen.“ „Oh, beeil dich“, drängelte Minchen. „Aber du musst leise sein.“ Den letzten Satz hatte ihre achtbeinige Retterin schon nicht mehr gehört. Spinne flitzte um die Ecke und davon, um Helfer zu holen.

5. KAPITEL

Die Sekunden vergingen quälend langsam. Die Minuten erschienen Minchen wie Ewigkeiten. Jeden Moment konnte der Jägermensch wiederkommen und sie holen. Am liebsten wäre sie vor Ungeduld weiter auf dem Rohr herumgesprungen, aber es erschien ihr weiser, keinen Lärm zu machen. Vielleicht, wenn sie sich alle tot stellten, würde der Jägermensch den Sack einfach stehenlassen und vergessen? Nein, das war unwahrscheinlich.

Endlich hörte Minchen draußen etwas näherkommen. Und wenn das jetzt der Jägermensch war? „Minchen, wir sind's", hörte sie Spinne flüstern. Ein Seufzer der Erleichterung drang aus den Sackleinen nach draußen. „Wir versuchen jetzt, den Sack zu öffnen", teilte Spinne mit. Kurz drauf zog und zerrte es an dem Sack. Die Gefangenen hörten leises Ächzen und Stöhnen, unter-drückte Flüche. „So geht das nicht“, murmelte jemand. „Der Knoten ist zu fest.“ „Wir schaffen das nicht“. Minchen wollte verzweifeln.

„Lasst uns mal versuchen“, hörte sie die Stimme einer der Vögel. Nachdem mehrere Vögel mit voller Wucht auf dem Knoten herumgehackt hatten – Weißbart hatte sich gerade noch zur Seite rollen können, bevor die spitzen Schnäbel herabprasselten –, mussten auch sie aufgeben. Was jetzt? Im Sack wurde es immer heißer. Und der alkoholschwangere Atem der meisten machte es noch schlimmer. Langsam wurde Minchen übel – vor Angst, vor Hitze und vor Cognacdunst. Da spürte sie, wie etwas am Sack ruckte. Oh Hilfe, der Jägermensch musste zurückgekommen sein. Aber nein: Es waren die Vögel. Mit vereinten Kräften versuchten sie, den kompletten Sack anzuheben, um mit ihm wegzufliegen. Aber er war zu schwer. Immer wieder plumpste er auf den Boden. Plötzlich hörte Minchen, wie Spinne zischte „Ruhig – versteckt euch!“, und es wurde still. Was ging da vor? Dann hörte sie es: das Näherkommen großer Schritte. Diesmal war er es wirklich: Der Jägermensch kam zurück. Die Tiere draußen vor dem Sack hatten sich versteckt, die im Sack wurden von Minchen angeheischt, sich tot zu stellen. Schon war er nur noch eine Ecke entfernt, er kam um die Ecke herum, vor die Tür und ... ging weiter. Puh.

Minchen wusste genau, dass sie diese Angst nicht mehr lange aushalten würde. Und es war klar, dass der Jägermensch jederzeit wiederkommen könnte, er war ganz nah. Sie mussten fliehen. Sofort. Aber wie? Noch während Minchen überlegte, spürte sie, wie sich der Sack mit ihnen darin bewegte. „Was macht ihr?“, fragte sie durch den Stoff. Angestrengte Stimmen draußen gaben einander Befehle: „Nicht so fest da hinten, wir rücken zu weit nach links.“ „Passt auf, da ist die Wand.“ „Die Türschwelle!“ „Vögel, könnt ihr nicht ...?“ So ging es in einem fort. Es war offensichtlich, dass die Tiere beschlossen hatten, wenn sie den Sack nicht öffnen konnten, mit ihm zu fliehen. Ein schwieriges Unterfangen, immerhin saßen rund zwanzig Tiere in diesem Stoffbeutel fest. Aber der Sack wurde zusehends schneller. Mit ein bisschen Übung wurde es einfacher, ihn zu schieben, zu drücken und zu ziehen. Alle fassten an.

Plötzlich ging ein weiterer Ruck durch den Sack, und sie kamen noch schneller voran. Minchen lauschte erstaunt und angestrengt. Sie hörte einen Wortwechsel zwischen Spinne und einem unbekannten Tier. „He, wer, was, wieso ... Ah. IHR? Wo kommt ihr denn her? Wir dachten ... seid ihr nicht alle IM Sack?“ Eine leicht beschämte Stimme antwortete: „Nein, das sind nur die Unruhestifter und Einauge. Die haben wir seit Tagen nicht mehr gesehen und wollten es auch nicht mehr. Ihr Benehmen war uns peinlich. Wir waren unten in den Archivzimmern, als wir eure Unruhe mitbekamen. Wir haben euch gesucht ...

und jetzt helfen wir." „Seid ihr sicher?" „Wollt ihr jetzt, dass wir helfen, oder sollen wir euch mit diesem Sackding allein lassen", grummelte eine weitere Stimme.

Wären wir nicht auch froh, wenn man uns helfen würde, wären wir in Not geraten, schoss es Minchen durch den Kopf. „Wenn jemand in Not gerät, ist es dann nicht ein Gebot der Mäuseliebe, zu helfen?" Minchen hüpfte vor Freude: Das waren Ratten! Die übrigen Ratten wollten ihnen tatsächlich helfen. „Oh ja, ja, ja", piepste sie. „Natürlich wollen wir eure Hilfe. Danke!" Und weiter ging es mit dem Sack. Während die einen mit vereinten Kräften schoben und zogen, knabberten andere Ratten gleichzeitig am Stoff, um die Tiere endlich zu befreien. So schafften sie es wirklich hinaus in den Korridor und

Richtung Eingangstür. Das war ihr Plan: Die Eingangstür zum Gebäude stand tagsüber immer offen. Wenn die Tiere es hinausschafften, konnten sie sich aufteilen und in alle Richtungen zerstreut fliehen. Später würden sie durch die Kellerfenster wieder zurückkehren.

Der Rettungstrupp war mit dem Sack fast am Ende des Korridors angekommen, da hörten sie, wie sich eine Tür hinter ihnen öffnete. Sie führte in eines der Verhandlungszimmer. Sofort stellten sich alle Mäuse und Ratten tot. Spinnen und Käfer ebenfalls. Nur die Vögel flatterten entsetzt auf. Tot stellen war bei ihnen keine übliche Verteidigungstaktik. Überhaupt – war das wirklich eine gute Idee im Angesicht von Zweibeinern? Die Vögel waren sich nicht sicher. Schnell versuchten sie, vom Boden wegzukommen und hoch zur Decke zu fliegen.

Da traten die ersten Zweibeiner auf den Gang. Ins Gespräch vertieft, drehten sie sich langsam in Richtung Gebäudeausgang. Immer mehr strömten hinter ihnen aus dem Zimmer. Der Gang war voll. Da entdeckten die ersten das seltsame Bündel vor ihnen auf dem Boden. In den für Tiere unverständlichen Lauten machten sich die Menschen gegenseitig darauf aufmerksam. Fragende Blicke zeigten, dass sie noch nicht wussten, womit sie es zu tun hatten. Ratlos kamen sie näher und näher.

Gerade wollte einer der Zweibeiner sich zum Sack herabbeugen, da schoss von oben einer der Vögel herab und hackte ihm auf dem Kopf. Was dann passierte, war ein wüstes Durcheinander: Der Zweibeiner schrie auf, ein anderer rannte zu ihm. Währenddessen stürzten die restlichen Vögel ihrem Kompagnon hinterher und griffen die übrigen Menschen an. Die schrien, hüpften, tobten und schlugen nach den Vögeln.

Das nutzten die Mäuse und Ratten, die den Sack geschoben hatten, und griffen vom Fußboden aus an. Durch den Tumult hörte man Minchens keifende Stimme: „Schnell, bewegt euch. Alle zusammen: und eins, und zwei, und drei …“ Langsam kam Bewegung in den Sack, und als endlich alle Insassen ihre Bewegungen koordiniert hatten, hüpfte, ruckelte und eierte der Sack in Richtung Ausgang. Nebenher rannten zwei Ratten und bissen und rissen am Stoff. Bumms, da war der Sack gegen die Wand gestoßen, beng, an die Korridor-ecke. Hinter ihnen tobte der Kampf der Vielbeiner gegen die Zweibeiner weiter. Die Menschen wussten nicht, wie ihnen geschah: Angriff der Vögel, der Ratten und vor ihnen ein Sack, der weghüpfte?

Da, mit einem reißenden Geräusch, zerfetzte endlich der Sack, und die Insassen purzelten ungeordnet heraus. Sofort kämpften sie sich auf ihre Pfoten und rannten. „Zum Ausgang!“, schrien ihnen die Ratten hinterher. Dann drehten sie sich um und pfiffen nach ihren Kumpanen, den Mäusen, Vögeln und dem restlichen Kampfkommando, das die Menschen in Schach hielt. „Los! Wir haben sie befreit. Rennt! Rennt, raus hier“, und damit flitzten auch sie um die Ecke. Alle ließen von den Zweibeinern ab und rannten ebenfalls um ihr Leben.

Bevor die Menschen überhaupt kapiert hatten, dass die Schlacht geschlagen war, hatten alle Tiere den Ausgang erreicht und stoben in alle Himmelsrichtungen auseinander zum nächstbesten Versteck.

Zwei Korridorbiegungen entfernt stand der Kammerjäger vor dem leeren Fleck, wo bis eben noch sein Sack gelegen hatte. Er kratzte sich am Kopf. Welcher Idiot stahl denn einen Sack mit Mäusen und Ratten? Und wie sollte er das dem Richter erklären?

Vor dem Ausgang des Gerichtsgebäudes glätteten andere Menschen ihre Frisuren und Kleider. Sie sahen einander nicht an. Das eben konnte gar nicht passiert sein, oder? Vögel mitten im Gerichtsgebäude? Ein rennender Sack? Nein, wenn sie einander nicht ansahen, konnten sie sich gegenseitig das eben Geschehene nicht bestätigen. Das wollten sie auch gar nicht. Sie gingen ihrer Wege und erwähnten das Vorgefallene nie wieder.

Am Abend kehrten langsam alle Tiere wieder zurück in den Gemeinschaftsraum, die meisten als Helden, andere mit eingekniffenem Schwanz. Selbst die Unruhestifter konnten der Tatsache nicht ausweichen, dass alle anderen Tiere, die sie die gesamte Zeit genervt, gedemütigt und gequält hatten, ihnen das Leben gerettet hatten. Die Phalanx der unbesiegbaren Ratten war aufgebrochen. Die Rowdys kamen nicht darum herum, sich zu bedanken und kleinlaut beizugeben. Einauge war nicht zurückgekehrt. Ob er ebenfalls entkommen war?

Tagelang lebten die Tiere in ständiger Fluchtbereitschaft. Wenn sie einmal bemerkt worden waren, würden die Menschen sie nach ihrer Flucht doch sicher wieder suchen. Der Jägermensch würde es nicht darauf beruhen lassen. Weißbart überlegte, ob sie nicht besser das Gerichtsgebäude aufgeben und ein neues Zuhause suchen sollten. Wehmütig schaute Spikey immer wieder auf die leckeren Akten; er war erst bis zum Buchstaben „L“ gekommen („Lüth“ stand dahinter in Klammern, das versprach lecker, äh, interessant zu werden). Es warteten noch viele weitere Leckerbissen, nicht zu vergessen die regelmäßigen Ergänzungen zum Einkommensteuergesetz. Währenddessen bereitete es den anderen große Sorge, was sie im Falle eines Umzugs mit Beweisstück machen sollten. Es wecken und mitnehmen? Sie glaubten nicht, dass Beweisstück einem Umzug zustimmen würde. Aber es allein zurücklassen, in seinem weltentfernten Schlummer – das ging auch nicht.

Schließlich war es Spinne, die Entwarnung geben konnte: Seit der Flucht der Tiere hatte sie den Richter beobachtet (der den Verlust seines Cognacs beklagte). An diesem Morgen war der Jägermensch zu ihm gekommen – bei seinem Anblick wäre Spinne fast von der Decke gefallen, so zitterten ihre Beine – und hatte ... gelogen. Jawohl, der Kammerjäger hatte gelogen. Anscheinend hatte er nicht zugeben wollen, was passiert war. Er war der Meinung, jemand hätte ihm den Sack mit den Tieren gestohlen. Und weg war schließlich weg. So hatte er dem Richter berichtet, dass das tierische Problem weg, beseitigt wäre. Da auch alle anderen Zweibeiner den Vorfall im Gerichtsgebäude nie wieder erwähnt hatten, blieb die Flucht der Tiere eines der bestgehüteten Geheimnisse im Gerichtsgebäude – neben der Identität des Beweisstücks.

Langsam kehrten die Tiere zur Normalität zurück. Allerdings setzten sie sich alle eines Tages mit Beweisstück zusammen, schrieben die bisher aufgestellten Gesetze auf und ergänzten sie. Die Mäuse nannten es TGB, Tiergesetzbuch, was den Ratten wieder einmal piepegal war. Aber die Gesetze waren ihnen nun nicht mehr egal. Das hatten sie aus der ganzen Geschichte gelernt: Regeln haben – auch wenn man sie nicht immer mag – einen Sinn, wenn sich jeder daran hält. Und sie hielten sich daran.

Das TGB wurde an einem öffentlichen Ort hinterlegt, wo jeder jederzeit hineinschauen konnte. Unterschrieben wurde es durch Tatzenabdruck von je einem Tier aller im Gerichtsgebäude lebenden Gattungen. Ja, auch die Ratten drückten eine Pfote drauf. Frieden kehrte ein. Nur Spikey war vorübergehend, kurzzeitig (was hieß verdammt noch einmal „kurzzeitig"?) etwas verschnupft, weil man ihm vor aller Augen streng untersagt hatte, dieses Papier auch nur anzufassen. „Nur anschauen, nicht anfassen", hieß es für ihn. Als ob er ALLES fressen würde. Verstimmt schlurfte er zu seinem Lieblingsplatz, wo schon die letzten Fetzen des Kammerjägersacks auf ihn warteten. Diesen Leckerbissen würde ihm sicherlich niemand verwehren. Und dann warteten noch der Kommentar zur Grundsteuer und der Praktiker-Kommentar zum Bundeskleingartengesetz mit ergänzenden Vorschriften auf ihn. Es gab viel zu tun.

Während er unten im Archiv am Sack kaute, wunderte sich zwei Stockwerke über ihm Justitia wieder einmal über ihren leeren Futternapf. Da sie sich mit ihrem Zweibeiner darüber nicht verständigen konnte, blieb ihr nur übrig abzunehmen. Pfui.

Fröhlich mampfend starteten also die tierischen Bewohner des Gerichtsgebäudes in ein neues, geordnetes Zusammenleben.

BEWEISSTÜCK
1

A SHORT STORY ABOUT LAW

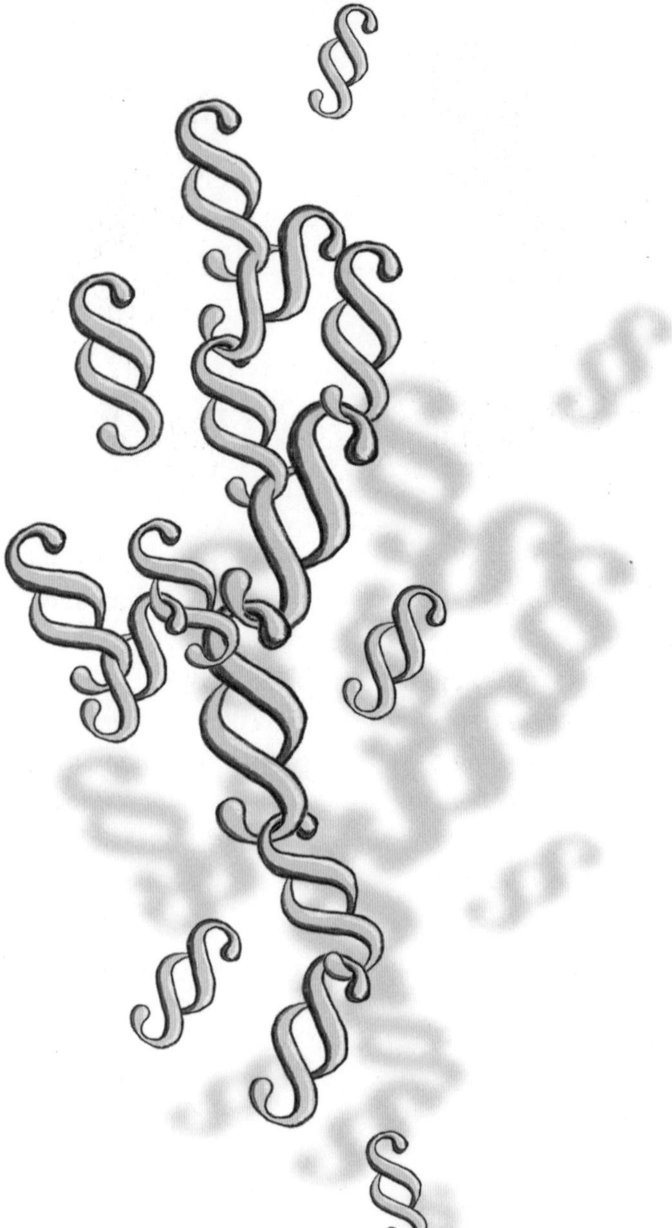

CHAPTER 1

Banging and grating could be heard, stone splintered, iron creaked, and suddenly it was dark in the courthouse. Huge clouds of dust in front of the windows swallowed up every sliver of daylight. Everything that up to that second had been sniffing around, shuffling or slumbering peacefully froze. Then came another bang. The old building shuddered from its foundation right up to underneath its dormer roof. In her favourite spot, the radiator in the judge's chambers, Justice swayed and only managed to save herself from falling by digging her claws in panic into the ragged wallpaper. Spikey, who was nibbling yet again at court documents in the cellar, was hurled upwards, turned an involuntary somersault and made a hard landing. He coughed up dust and scraps of paper indignantly. Everything that had just been languidly enjoying a siesta stood upright on all four legs or gyrated through the air, squeaking and screeching wildly. Clouds of dust puffed out of the book and archive shelves from the force of the bang, surged in from the road through gaps in the doors and windows and into the eyes and muzzles of the residents. The animals scurried, coughed and fidgeted around wildly. Finally, unnoticed by the residents, the brandy bottle in the judge's stash in the courtroom also overturned and poured out in a cognac-brown, aromatic puddle.

The quake even penetrated Exhibit's unworldly slumber, wending its way into his ancient consciousness and causing him to sniff languidly in his dreams. Exhibit had lived in the courthouse since time immemorial.

and without detection, and had been forgotten by the humans since then. None of the residents of the courthouse knew what kind of animal he was, not even Exhibit himself; he was exotic, that much was certain. And since a huge label was stuck to his shell "Exhibit No. 1" (where could it have come from?) the other animals simply called the exotic creature "Exhibit."

Exhibit was ancient, which is why he was readily consulted on difficult questions. This had been a rare occurrence up to now, as life in the courthouse was quiet. Now Exhibit slowly directed his senses towards the place where some light came in through the head opening in his shell. Incessant squeaking and creaking flooded in, but yet the ground remained still: no more bangs. The danger seemed to have passed.

However, Exhibit heard through the pipes how the gang of mice one storey beneath him in the archive vestibule was flitting round in panic. Their tiny paws were burning on the wooden floor. Argh, did these mice always have to overdo it? Couldn't they just stay quiet like Exhibit?

Evidently not, as he heard the panicked voice of the mouse named Brownpatch squeaking: "The world is bursting! The sky will fall down on top of us and annihilate every living thing." Brownpatch was still young, but nonetheless he should have known better. Whitebeard, the mouse chief – he had gloriously long, white whiskers – shook his head in annoyance. However, he had to admit that he himself had never yet experienced such a quake. His whiskers traced the movements in the building: Good, the quake was dissipating. He lifted his paw and called for silence among the pack of mice.

A third bang made the windowpanes creak. Again dust was thrown up into the rooms from everywhere, and the mice were in the dark yet again. Up in the judge's chambers, Justice hissed; Spikey dropped the savoury pages in the cellar archive and ran away with heaving belly; and Exhibit withdrew into his shell in high indignation.

When the dust cleared and Whitebeard began to count his gang in the haze, some of his mice appeared curiously large. In addition, their number had almost doubled. He rubbed his eyes. That was a bad idea: the dust burned viciously. Yet the mouse chief screwed up his eyes and counted again – oh rats!

"Hi there," a nasal voice snarled directly behind Whitebeard. He spun around. From out of the descending clouds of dust, something revealed itself in front of him ... o great hunks of cheese: a rat! His alarming appearance was exacerbated by an eye patch over his right eye and a piercing gaze out of the left eye. "One-Eye's the name. We know each other from the street, and us lads thought" – the rat indicated behind him – "that we'd move in with you."

"You – eh? What?"

"Eh, what – is that all you've got to say?" One-Eye scoffed. „Instead why don't you tell us where we can wash down the dust with drop of the hard stuff and clean our fur." The rats' fur – there were about a dozen of the giant beasts - didn't look as if their owners cleaned it frequently. In fact, it was dirty, matted and reeked. Whitebeard shook himself. Confident, he told himself, be confident. "What happened?" his fear centre was screaming. "Quiet!" his reason boomed. Whitebeard stretched himself as long as he could – the rat was really big – cleaned his whiskers to buy time, and then replied: "You're the rats from the recycling depot next door."

"You don't say."

"There's a building site there..."

"There ISN'T a building site, there WAS a building site! It briefly destroyed our home."

Whitebeard was boggled. What did the rat mean by "briefly?"

"Briefly like temporarily," the rat scoffed. Was he a mind-reader? "You statute-book mice must know that better than us street poets." One-Eye turned around triumphantly to his rats, who cheered him and slapped their thighs. They spread such a stench that Whitebeard felt queasy and the youngest baby mice hid in the fur of their panting mothers. "So what's the story, you statute-book guardians, where can we lawless folk clean ourselves up? Where do we get grub? And by the Great Rat's tail, where can we have a bit of fun round here now and again? Why are you all just standing around? Heavens, you are boring! Not exactly party animals, are you? More like archive trolls! No fire in your rats' tails, or what?" One-Eye rolled his one remaining eye, and anyone who hadn't felt nauseous yet definitely felt so now. It was a blood-curdling sight. Whitebeard the mouse chief gasped for air. "What sort of behaviour is this?" he blurted out. Everyone froze. Reprimanding a rat that was around three times as large as a mouse was a questionable idea. One-Eye paused in his movement too, turned around to Whitebeard and stared at him deeply in one eye. "I beg your pardon?" he snarled. Everything froze for a few seconds.

"I mean, well, what I actually wanted to say ..." stammered Whitebeard. "Next door, in the room next door you'll find a dripping tap. You can wash yourselves there," he whispered. "And in the meantime we'll make you something to eat."

"There now." One-Eye grinned. "I'll turn a blind eye to that, ok? Hah, what a hoot!" Once again he turned around to his rats, who were rocking with laughter. "A hoot, a hoot."

"You'll also find the last scraps of soap there," Whitebeard's voice resounded weakly.

"Soap?" "Filthy stuff!" "That makes you sick, keep your paws well away from it." "Hah, I'll get me some of that!" Accompanied by One-Eye's muttering and satisfied grin, the rats shuffled into the adjoining room.

Immediately, the mice ripped all the rags and boards away from the gaps in the doors to let air in. "Whitebeard, what's going on ..." The mouse chief raised his paw: "Hush!" "What will we do now?" his wife Minchin squeaked. Whitebeard flopped down onto the nearest pile of laws. Gradually, the mice got their voices back and a murmuring began. At some stage their elder stopped them with a wave of his paw and took the floor. "Mice! Evidently we have overnight guests. The bang we heard earlier must have come from the building site that has been in operation for several weeks outside the courthouse. Now they must have destroyed the rats' boltholes, and they are asking us for asylum." "Asking? Asking??? ASKING???" His wife angrily stroked her belly fur. "If that was asking, then, then ..." "Quiet." Whitebeard's whiskers stood on end. "We have to come to terms with it. We have a home and are well supplied. We live in the courthouse. We get our food from the courthouse cat. And others," at this point he squinted at fat Spikey, who had reached the group in the meantime, "even eat the law texts in the archive. We get our water out of the dripping tap. So we have everything, while the rats have got into difficulties through no fault of their own." "If they would only behave like that," Minchin mumbled. "Exactly," other mice called out. "They are acting as if they ruled the world." "Whitebeard called them to order. "We all know what justice means. If someone gets into difficulties, we help them. Wouldn't we be glad too if someone helped us if we got into difficulties?" Particularly the elder's last comment impressed the mice: "If someone has got into difficulties, is it not a precept of murine kindness to provide assistance?" Among mice, this was a matter of course.

“Where’s the justice in that?” Minchin complained, a mother of eleven baby mice. “How is that supposed to work? They’ll gobble up all the grub. And where are they supposed to sleep? Mice and rats aren’t made to live together. And don’t talk to me about “temporarily”,” she spat at Whitebeard. He had just opened his muzzle, but she cut off the words in his throat. “No, I don’t want to hear a word of it. We all know that “temporarily” is an elastic term, and what does the law say about it anyway?” She glared intractably into the crowd. Spikey choked, coughed and crossed his paws. “No! No, no, no, you have not eaten the ENTIRE German Civil Code,” Minchin blustered. “O... o... only the table of contents.” “I don’t believe it.”

“Spider,” Whitebeard called. “Has anyone seen Spider?” “Here,” came a whisper from the ceiling, where a dark brown spider sat. “Spider, what do you know about the term “temporarily”? Did it ever come up in the court cases that you overheard?” “Now let me think,” the spider hummed and disappeared.

“What’s taking the rats so long?” Minchin asked.

“They’ve started a bathing session in our water bowl,” another mouse lady raged. She had peeped through the gap in the door. “All our drinking water that it took us so much effort to collect is one big stinking, dirty mass. Thanks, Whitebeard, that was a REALLY good idea to take in the rats." With these words, the mice turned away and retreated to their boltholes, nests and mouseholes. Whitebeard stayed sitting alone in the middle of the room. He sighed. He knew that very, very unpleasant times lay ahead of him. If he only knew what "temporarily" meant. Perplexed, he tiptoed to his nest. Another fear overcame him. Just don't let the twoleggers, the humans, notice anything; it didn't bear thinking about what would happen if they did. He lapsed into dull rumination.

CHAPTER 2

The days that followed were indeed a nightmare. Whatever the rats wanted, the mice had to procure it for them with the argumentation that the poor refugees whom fate had dealt a cruel hand didn't know their way around. It was clear to everyone that the rats were abusing the mice, were hot-tempered and domineering, and ruled the mice because of their fear. On top of that, everything the rats touched got damaged. After one day all the drinking water was unusable, the dripping tap was bent, the common food store was empty and floor, doors and walls were scratched. In addition, the mice felt itchy and scratched themselves more often than before. Evidently the rats had also brought a few stowaways with them for good measure.

On the third morning, when Minchin burst into the archive room distraught, Whitebeard knew that the situation was about to escalate. “That’s the last straw!” shouted the normally extremely feminine mother mouse. “That is absolutely the last straw. That has knocked the bottom out of the sardine tin. I don’t know what else to say!” She gasped for air. “Never in my life have I seen, heard and smelled the likes of it before. I’m sick of it!” “Do please calm down.” Whitebeard pushed through the crowd of mice that had gathered in the meantime. “Calm down.” “I DON’T WANT TO CALM DOWN!” Minchin stamped her paw. Mutters of agreement came from the crowd of mice. Whitebeard didn’t know what else to do, so he roared above the commotion: “What’s happened now?” “I’ll tell you!” Minchin yelled back. “The rats used my youngest as a bath sponge, and you know how filthy they are.” “Yuck!” All the mice shrank back. “That’s revolting.” “Disgusting.” “Unbelievable.” Soon every mouse barked out their own experiences with the rats.

“Hello.” The mice froze. Turned around slowly. No one had noticed that the rat leader, One-Eye, had slipped into the room with a few of his fellow species. “And now you’re all silent, or what?” One-Eye twitched his pointed snout with a snear. “Keep on talking. Let’s hear all the bad things we’ve done. Be brave. You’re not afraid, are you? Of course, one or other of you could have a little accident tonight, unfortunately fall into the water bowl and drown ..." That was the last straw. Undoubtedly, the rats instilled terror in them, but threatening his mice – that was too much. Whitebeard's whiskers shook: "Stop!"

One again, everyone stopped dead in their tracks – this time, the rats did too. "I beg your pardon?" One-Eye hissed and bent down to Whitebeard. "Did you want to say something? Before you try my patience, see to it instead that our evening meal is in front of us in one minute." Terrified, three mice were about to hurry away when Whitebeard ordered them back. "No! Stay here." He turned to One-Eye, stretched up to him, lifted his paws into his flanks and then spoke in a way that the crowd of mice had never heard him speak before: "It is outrageous of you to threaten us." "Is it indeed," One-Eye mocked. "Yes, it is indeed. Outrageous and unjust. We have given you a bolthole, shared food and water with you. No, we didn't just share it with you – we prepared it and placed it in front of your snouts. My mice served you in every imaginable way. And the thanks we get is that you ate up everything, destroyed our beds, dirtied the drinking water and vandalised our home. Your caterwauling can be heard in all corners of the courthouse and is in danger of being discovered by the twoleggers. What do you think will happen then? Haven't you ever heard of the hunting man? HE'LL KILL US ALL."

Whitebeard's voice had grown louder and louder. Now he spoke on quietly. "And now you threaten us. And all the while you could only do everything because you're bigger and stronger than we are. But WE have one trump in our hand: Only we mice can get through the mousehole into the archive room and get to Justice's food bowl unobserved. You don't fit through there. And marching through the door would be pure suicide."

The rats, who up to this second had still been scratching their chest hairs, mocking and grinning, suddenly stopped dead. The mouse chief was right. Hell and damnation, they wouldn't dare to do that, would they, withhold their food? "Hey," a particularly vicious-looking rat hissed. He had lost a claw on her right forepaw, he was missing tufts of fur, and had other battle-scars too. "Hey, One-Eye," he snarled. "Don't listen to the mouse. I can kill him with one bite." "That's right," Fthe other rats agreed. "That one there, the fat mouse

that's nibbling the paper, I'll deal with him, he's a juicy morsel. Spot on." He meant Spikey, who was nibbling with relish on the Income Tax Act (it's a little dry, however, so it must be washed down with lots of water, Spikey always explained). "No, I've always had my eye on that one." "Bah, I prefer the little furballs. So tender ..."

"Silence! One-Eye turned around angrily and hissed: "Put a muzzle on it! Don't you understand? By the dandruffy rat's tail, the mice really have us by the short and curlies. We can't get back into our own home yet and we need grub. Or do you maybe want to go out onto the street and look for grub? But you fat mollycoddled softies don't know how to do that any more." One-Eye's eye flashed. However much it annoyed him, he had to admit that he had to negotiate with the mice.

What use was the law of the jungle, if the stronger party was reliant on the weaker one? One-Eye needed a different tactic. "You think you're a cut above us, don't you?" One-Eye sneered at Whitebeard. "As for us, we're just poor strays off the street, but you lot with your courthouse obviously think that we don't deserve to seek shelter in it, do you?" That was actually a good defence, One-Eye thought to himself.

"No." Whitebeard was annoyingly assertive in his utterance. "It's not a question of who is better, or who has more rights – we all have the same rights, and no one is better than the other. You want us to respect your liberties? Then you have to respect our liberties too. Every animal is equal and has the same rights." Whitebeard was internally relieved – Spider had told him these phrases at one time. The humans used them frequently when they put their heads together in the upper rooms of the courthouse.

One-Eye squirmed inwardly. He realised that the damned mousetail was right. If he didn't want to put his rats' welfare at stake, he had to play along with this game: Everyone is equal. Reluctantly, One-Eye turned to the mouse chief. "Alright then: What do you want?"

Whitebeard nodded. "Good. We have the following demands: You will repair everything you damaged. You will clean the water bowl and fill it up. And we'll establish rules to ensure everyone's survival. Rules that we will all follow to the same extent because they benefit all of us. We need a few basic rules in order to be able to avoid such disputes in the future. If everyone abides by them, we will all get on with one another. In addition, your rats will apologise to my mice. We will listen to the complaints of the mice, and then you and I will look for solutions together. The rats' leader was boiling with rage. But he had no other choice.

"So," Whitebeard announced, "let's begin right away. Who has an allegation to submit?" The rat with the missing claw, Ruffian Rat, wanted to rush forward and give vent to his rage at the mice. One-Eye held him back at the last minute. "Not us, you dense pea-brain. Have't you understood anything?" Whitebeard nodded to him gratefully.

Then the mice began. Still a little intimidated, the first of them stammered their charges, but then became braver and a long list of rat-induced offences emerged. One-Eye kept his eye closed – he had not been aware of how his gang had behaved and how they had endangered the existence of everyone in the courthouse in doing so. Although their hosts had not established any rules or laws, the animal residents of the courthouse had always lived according to one premise that was essential for survival: Under no circumstances should the twoleggers, the humans, detect their presence. The horrific stories about the hunting man, who was called the “exterminator” in hushed whispers, had spread as far as the street. The “exterminator” was a constant threat. The word itself was enough to make them all tremble and freeze. And they, One-Eye and his rats, had put them all at risk of being discovered.

In the end, Whitebeard decided that only the really serious offences should be punished. For dirtying the drinking water, the rats had to keep the water bowl clean and filled for a week. For using a baby mouse as a bath sponge, a punishment awaited the responsible parties that was degrading in their eyes: They would bath all the baby mice on the next bath night, the mouse mothers decided unanimously (which led to gloating jeers from those rats that were not affected by this punishment).

After these offences had been equalised with punishments, the leaders agreed that rules had to be established now. “Incidentally, the humans do the same thing. They call their rules ‘laws.’” Laws? The rats knew the word. Ugh, they’re just banning everything that’s fun. Rats didn’t like laws. Whitebeard continued: “We have to ensure survival by providing a fair supply of food and water to everyone.” Boooooring. The rats turned away deliberately. They wouldn’t accept any laws. “Before the law,” came a humming from the ceiling – Spider had weaved herself a filigree net under the ceiling light as an observation point – the size and strength of the individual are immaterial. All are equal before the law." How often before had she heard judges say these words. They loved to use them when they began pronouncing their sentences. They seemed to her to be extremely fitting in this situation that was playing out underneath her. The rats would have preferably left the room, but one look from One-Eye's eye held them back.

This stupid old mouse had started talking again: "That is true and that is why there must be equal opportunities for mice and rats, for example on the issue of food. That is a priority." The rats' eyes met Whitebeard's dully. Unknown to himself, he had used these words, which he had picked up in the courtroom. "Human words," was what Minchin called them. Of course, they were incomprehensible to the untrained ears of the rats, who were more proficient in the cultivated dialect of the backstreet. "All rats and mice have to have the same chances to get water and grub," the mouse sage explained. Now the mice raised and bowed their heads in consenting nods.

One-Eye, however, dismissed it. That was ridiculous. His rats were bigger and stronger than the mice; they quite obviously had the edge. What on earth did that pointy-headed mouse in front of him want from him? (Yet again, he had forgotten that up to now only the mice were able to get to the courthouse cat's food bowl. This was going to cause him quite a headache in the future.) At this point, something else was preying on the rat leader's mind: "We should establish more laws, for example, what's ours and what's yours."

Whitebeard stared in horror – not only did the rats fail to see the importance of the Food Distribution Law (which as we said was yet to change), now they wanted to clarify property (or ownership?) questions? What property? What could the rats own? They had been washed into the courthouse as refugees.

"I would say that everything that we find belongs to the finder," One-Eye said. Drawing one corner of his snout up into a sneer and demanding applause with his paw, he turned around on his heel, compelling agreement, the rat king in all his glory. And his subjects willingly agreed, bowing and grinning, for the rats had inexplicably "found" an inordinate amount in the last few days – in some cases directly underneath the mice. When these latter turned and shifted in their sleep, they suddenly found themselves lying there without covers. So while the rats liked this law, the mice protested.

The mouse chief deliberated for a moment, and then it was his turn for a grin to steal over his face. That was it, now the rats had outwitted themselves. "Good, we'll do that," he said out loud. Loud cries of indignation came from the mice, while the rats applauded vehemently. However, One-Eye stopped in his tracks; something didn't add up. Whitebeard had already continued to speak: "So, if we weak mice creep through our mousehole into Justice's room – and – Oh, what a surprise! – "find" lots and lots and looots of food in her bowl, the food is ours."

Well, by the rusty manhole cover, that wasn't good at all! One-Eye spluttered furiously. This senile mouse with the ridiculous white beard had shafted him – him, the smartest rat brain in the entire backstreet empire. Since the rats didn't fit through the mousehole and marching through the door was pure suicide (Justice was still there), they were dependent on the mice procuring the food. Rats, he had suppressed something yet again. He just couldn't get it into his rat's brain that the mice really could have an advantage over them. Up to now, the rats were always the winners, simply because of their body size? And now?

"What was that again about equal opportunity?" One-Eye asked in an innocuous, innocent, nonchalant tone, combined with his most suave smile. "I believe we hadn't clarified this issue conclusively." Ooooh yes, the rat leader could talk posh too! The mice had better watch out.

“Ah yes, equal opportunity,” Whitebeard repeated and smiled. “So, where were we ...”

After that, the animals deliberated together about how they could supply everyone with food, without the mice getting stuck with all the work. In this case, and every last rat among them had realised this now, equal opportunity was simply unfair, as only the mice could fit through the mousehole. Thus the spoils of the forage had to be divided out equitably and in return the rats had to take over other jobs. This is what Spider called “equality of outcomes.” However, the rats didn’t give a toss about the words, they just wanted to secure their food.

Because the mice would continue to their lives at risk by manoeuvring the food out of Justice's bowl and out of her room, the rats in return were to carry the food into the common storeroom and additionally ensure the drinking water supply: keeping the bowl clean and shoving it under the tap when it was empty.

The animals left it at that initially. The rats had put all thought of property out of their heads for the present.

Oh yes, there was one last thing. Whitebeard raised his paw to call for quiet. Surprisingly, it worked: the rats hadn't reverted to their former complacent tone yet. Terms like equal opportunity and equality of outcome had shocked them too much ...

"There is one law that is of vital importance," Whitebeard said. One-Eye sighed. What now? Couldn't this mouse keep his snout shut for once?

"It's about... the hunting man!"

Squeals of terror emanated from the ranks of the mice, dull sighs from those of the rats.

"This concerns you rats in particular," the mouse chief continued.

“Yeah, yeah, we KNOW all that now. We rats are the source of all evil, blah, blah, blah...” It came as a surprise to everyone that Ruffian Rat should know these words, but inwardly One-Eye subscribed resolutely to this basic feeling of irritation. Thus he blurted out: “Well, what should we outrageous folk do?”

“This is not the right time for arrogance, impatience and self-pity.” Oh-oh, Whitebeard was taking it a bit too far, Minchin thought. But everyone realised that it was a very important point; their survival depended on ensuring that the rats behaved less conspicuously. Evidently, this One-Eye realised this too, for he restrained his rats yet again. They had just wanted to lunge at this smart-aleck mouse with threateningly wide-open jaws. “Now spit it out, will you!” His patience had run out.

“On no account can the twoleggers discover our existence! That is the guiding principle here in the old courthouse.” “What will happen otherwise? Will they too steal our grub?” one of the rats blurted out.

Whitebeard remained calm. “He will come and get us. He will catch us all. The hunting man has a big sack and he stuffs all mice and rats into it. And what he'll do with us then, I really wouldn't like to imagine.” Now the rats silent too and white around the snout.

"If the twoleggers notice us, they will call him and he'll come and get us." Whitebeard had whispered the last words. He didn't need to say anything more. The entire room was silent. The fear of the hunting man had run rampant among the rats too.

"They MUST NOT notice us."

And with that, Whitebeard turned around and left the animals. The silence remained.

CHAPTER 3

Even when the animals had long since scattered, they all thought for a long time about the invisible threat to which they were exposed. Whitebeard's speech appeared to be having an effect. On that day and the next, the residents of the old courthouse did indeed hear less noise from the rats. Visibly shocked, they herded together in little groups and gave vent to their anger. They couldn't believe it: They, the invincible ones, the sly ones; they who had groomed the mice for themselves into the perfect servants and slaves, had been made look like fools by the mice. Yes, worse still, the mice had them over a barrel. It was outrageous. Of course they hissed out revenge plots to each other, brooded assiduously about loopholes, ambushes or open attacks. They played everything through in their minds – and time and again failed at this one, highly vexing hurdle: The mice had the power over the food.

Just as the group gathered around the rat with the missing claw was about to set off yet again in annoyance to fill up the water bowl while uttering some innovative expletives, another rat shot out into the room from a hole in the fireplace, stopped, almost fell forward onto his snout, gasped for air and then gasped: “Come with me! All of you come with me! You won’t believe what we’ve found.” The other rats quickly exchanged glances. Ruffian Rat with his missing claw brushed aside the suggestion angrily. “Stop it. There’s no point. These stupid mice have actually won.”

“So what?” purred the new comrade. “Then we can have some fun.” Fun? That made the pointed snouts pay attention. What did he mean by that? “What are you talking about?” Ruffian Rat snapped at him. “I mean we’ve found something fantastic. Come with me.” When the rats joined him and followed him inquisitively into the chimney flue, they smelled something there that they knew, something dangerous. The smell was familiar, and there were risks attached to it. This was just what they wanted. Risks were fun. Now what could it be?

They had no time to ask because their frontman ran so fast ahead of them. But the further they raced through the pipe, the clearer the smell became. They recognised it: Danger! "Fire!" Ruffian Rat called. "We have to warn One-Eye." "Run away!" "Save yourselves," they all cried across each other. "Silence, hissed the rat who had led them into the chimney flue. "Just be quiet. Everything is fine, but the mice must not catch wind of it on any account." And he shot out of the bottom of the chimney flue into the old hearth of the fireplace room, one of the archive rooms.

The fireplace hadn't been used for decades and was almost clean. Almost – the rats did look a little black, however. But they didn't care about that – what they saw before them was much more exciting: a few of their mates were dancing around on a red-and-white plastic thing, while others were turning a little metal wheel at the front. There was an amusing crackle, there were also scraping sounds, and finally, when two rats pressed a type of lever, the plastic tube spewed fire! The uninformed newcomers quickly took cover, while the others cheered. The clueless ones squinted carefully out of their hiding places. "What is that?" they asked. "That, my valued rat colleagues," one of the busy rats puffed himself up, "that is a Marlboro. Stand on it. It's great. It spits fire when you turn and pull, and then it swallows it again too. Completely safe, honestly. The others did not trust him, but the more often the tongue of fire came shooting out of the plastic tube, the braver they became.

Soon there was an incredible commotion in the fireplace room. Time and again they pressed the lighter, danced around the flame and played fire victim. At some stage they came up with the idea of aiming with the flames. They singed files, carpet and plank flooring one after the other and stamped out the fire again quickly. After a while, they got bored with this. The firebugs sniffed around until they got to the broom cupboard. That was great fun. In the broom cupboard there were cloths, huge brushes and other things that could be scorched. It was an infernal noise, and when dust was blown into the flames, little sparks began to glitter and shine – that looked awesome in the dark broom cupboard.

Suddenly, attracted by the noise, little mouse snouts pushed their way out of the chimney flue. In their amazement they forgot to hide, and rats promptly spied them. "Hey, we've got visitors!" The big rats immediately leaped on little mouse children and pulled them into the middle of the room. "Well, well, look who we have here!" "You dare to enter the lion's den? Without any of your Mummies? Without your senile Whitebeard?" How brave of you." The rats sneered, pulled and shoved the mice over and back ... No one knows who came up with the idea, but in the end the tips of the mouse children's tails had to serve as torches. Although there was a stench of singed fur, the hairs that bristled on the tails began to glow so amusingly. The rats could not control themselves for laughing, especially since the terrified faces of the young mice doubled the fun.

A dull crash caused them all to fall silent. Then another, and then yet another. Boom, boom, boom. The ceiling and the ceiling light vibrated. Dust trickled down. That must be something very heavy, whatever was moving above them. Boom, boom, boom ... that could only ... By the holy Rat: Those were human footsteps directly above them.

Everyone held their breath. Above them were the offices in the west wing that were never used any more. No human ever strayed there. What was happening up there? They were all reminded of Whitebeard's threats; they all had the same panic-stricken thought: The hunting man. He had discovered them. He'd come and get them all.

One rat wet her fur; her immediate neighbour did not even dare to move away. Rats and mice stood transfixed, paralysed by fear. For the first time in days, even the pipes didn't carry a single sound. It was as if the courthouse itself was holding its breath.

Boom, boom, boom ... the human moved again; stopped; went on. He was looking for something: them! It sounded as if the twolegger marched to the window, paused there, and then walked on again in the direction of the corridor. He came closer, closer aaand – he crossed the threshold, as far as the animals could overhear a storey below. Deliverance: the steps were receding. Nevertheless, not one animal moved, not until the footsteps had finally faded away. One rat fainted with relief. The one that had wet herself ran away squeaking and her neighbour did a dance of disgust. The tension dissipated and the relief was huge. Until a pitter-patter in the chimney flue announced the arrival of highly agitated fellow animals. Whitebeard and Minchin shot into the room, followed by One-Eye and further courthouse residents.

"What have you done!" Whitebeard hissed in a stifled voice. At the same time he yanked up his paw to stop Minchin from opening her snout. That was all he needed, for her to start nagging with her trenchant voice. That would get the twolegger to come back immediately. Beside him, One-Eye stooped down threateningly and compelled the rats in front of him to listen: "Have you completely lost your minds? Have you been sniffing dried maggot dung? Have you cooked your peabrains in aspic? Unbelievable." In the silence that followed, a voice penetrated from above: "The twolegger has left the house. He had evidently just got lost." That was Spider. She had followed the twolegger's actions without being noticed and could now give the all-clear. That was close. Everyone breathed a sigh of relief.

Whitebeard turned to One-Eye and launched into him: "That will have to have consequences. That's the last straw. It's not just that day in, day out the wild yelling of your rats penetrates through all the gaps in the doors, ventilation shafts and windows, that their dance numbers on radiators or tests of courage on water pipes are carried through the entire courthouse by the pipes, but now you have really almost managed to get the hunting man to catch us. I warned you. I explained the rules to you. But of course you didn't want to listen." An awkward silence filled the room. Even One-Eye was at a loss for words.

"And what's that?!" Minchin had squirmed out of Whitebeard's pawhold and pointed aghast to the juvenile mice, who had got their nerve back now and were vigorously cooling the tips of their tails: they blew, rubbed them on the cool floor, tried to hold them up in the draught that blew out of the chimney flue. "That is indeed really – WHO WAS THAT?" Whitebeard could no longer restrain himself. He shrieked in fury. "Psst!" the rats hissed, "the hunting man could hear you." Whitebeard exploded. These rats were sadistic freeloaders, without any decency or conscience, spawn of the devil, yes indeed .... Spider abseiled down in front of him. "Careful," she hummed. "Whitebeard, calm down. Come to your senses." To the rats she said, pointing urgently to One-Eye: "That will have consequences. One-Eye, rules have to be followed. BY EVERYONE! All animals are equal and have the same rights. You broke the rules and on top of that abused the juvenile mice. In doing so, you infringed on the liberty of your fellow animals and violated animal rights. That HAS TO BE prosecuted and punished. " Although Spider spoke quietly because of her body size, everyone understood her. And although most of the rats and mice didn't know what Spider was talking about, they guessed that something unpleasant was about to happen.

"We don't live in a courthouse for nothing. We know what we have to do," Spider continued. "We'll see each other in two hours in the first archive room." With that, she crawled up her web filament back to the ceiling. Minchin grabbed Whitebeard by the paw and pulled him to the chimney flue. The mouse mothers ran to their juvenile mice and made a big fuss about the singed tips of their tails. One after the other, all the mice left the fireplace room.

The rats remained behind. They squinted at One-Eye contritely. His eye stared at them wildly, then he turned around and left. The Cockroach King knew where One-Eye always disappeared to when he wanted to be alone – but no one dared to follow him, least of all at this moment.

Spider, who saw herself as an observer and guardian, consulted with Exhibit. The scare they had endured was reason enough for drastic measures. Added to that, during a court hearing that same day, several twoleggers at once had reacted to the sounds, which were distant but yet discernible, and had pricked up their ears. True, it was the humans sitting in the many pews and not those who sat behind the high desk in those weird gowns. Spider knew that the twoleggers in the wooden pews did not belong in the courthouse. They were merely guests. The really important ones were those in the black robes who sat on the podium. Up to then, they hadn't noticed the arrival of the rats within the old walls. But it was vital to keep the presence of the troublemakers a secret if they behaved like that.

Exhibit sensed Spider's anxiety. She told him how Whitebeard had been obliged to intervene several times during the day, although the rules had been explained. Time and again, he had to caution particularly particular conspicuous rats to be quiet, not to hold burping competitions in the room directly next door to Justice or initiate climbing dares on the radiator pipes. But the rats had really excelled themselves with what had just occurred. "It can't go on like this! And what is One-Eye actually doing while his rats are endangering all our lives?" Exhibit asked. A hollow look from Spider; not even she knew where the rat leader spent his lonely hours.

"Yes, what does he actually do?" Spider wondered. "Now and again, when things get too bad, he appears from nowhere and snarls at his horde. Then they stay quiet for a short time, but as soon as he has gone to ground again, it goes on again." Spider pondered: "However, just now he was very angry. So maybe he does have something like a sense of right and wrong after all?" Exhibit contemplated for a short time. "Yes, and precisely at those times when the rats' food or comfort is under threat. So let's start there. We'll get him with that."

"But how?" Spider squeaked in despair.

"We'll hold a court."

"?"

"We'll do like the humans do. We'll hold a court hearing. Read the charge, defence, call witnesses, closing arguments, deliver the sentence. Since the rats by no means want to endanger their good life here with us, One-Eye – as long as it doesn't affect him – will accept a punishment."

"It's worth a try. I told the rats that we'll meet them soon. I'll tell Whitebeard our plan now and round up everyone." Spider was already crawling away.

While Spider's order to meet in the first archive room was being passed around the old building and Whitebeard, who had been informed in the meantime, was adjusting the log of wood that was to serve as a judge's bench, he suddenly heard a scratching sound. When he turned around, Exhibit poked his angular, corneous head around the corner. Excellent, Whitebeard was very pleased at this. He had already reflected anxiously about who should act as judge. As a directly aggrieved party, as one of the victims, he certainly couldn't take on the job himself. How had Spider talked Exhibit into it? This was to remain her secret, as at that moment the rat leader whooshed into the archive room. A curious odour followed him that Whitebeard couldn't put his paw on.

One-Eye had recovered from the hunting man story and was annoyed with the high-handed mice, who were laying down laws under the snouts of him and his gang. He had obeyed Spider's command in a rage and now stood trembling in front of Whitebeard. "So, what's this supposed to be?" he hissed. Whitebeard began speaking: "In light of recent events, we will ..." "In LIGHT OF RECENT EVENTS? Have you gone mad?" One-Eye deliberated about whether he should just bite him.

"Hm hmmm," resounded behind him. It could hardly have been called a voice, more like a creaking. One-Eye whirled around. What was that? A huge corneous thing pushed itself towards him at eye-level. He had never seen the likes of it before. It looked like something out of a forgotten age. Then its surface moved and One-Eye realised that it was a head. It was almost as large as One-Eye's entire rat's body. The head moved sideways and an aeons-old eye looked at him. I am Exxx-hibit. I rarely allow the ressssidentsss to wake me [... pause ...] I am old [... pause ...] and love my sleep. But today it appeared the right thing to do to wwwake up. [... pause ...] What came to my ears is outrageous [... pause ...]." One-Eye was about to fly into a rage, but then Exhibit unexpectedly whipped round his head and a beak-like mouth snapped at the rat. The rat leader flinched and drew up his paws in a flash, but hid them again immediately: If that thing closed its jaws on him, it didn't bear thinking about.

"Hm," Exhibit nodded contentedly. "That's better. [... pause ...] So, where was I?" The slow way he spoke was driving One-Eye to distraction. But he didn't even dare to tap his paw on the floor in impatience. "Ah yes, the outrageous [... pause ...]" Then all of a sudden Exhibit fired his words at One-Eye like a volley of gunfire: "Your rats found a lighter and used it. Not only did they singe the tails of juvenile mice, they also played with fire in the broom cupboard, and in doing so put all our lives at risk. The house could have burned down, together with you ignorant creatures. You agreed to rules in this house – rules that everyone has to obey.

You didn't obey them, and in doing so endangered us all. Now you have to suffer the consequences." The rat wanted to say something. Exhibit stopped him with a wave of his foot. "Save it, we will clarify it in the court hearing and determine a punishment." Punishment? Determine? Court hearing? The words buzzed behind One-Eye's empty eye socket and he knew that the blissful life in the courthouse was over for him and his rats. Rats! But the mice wouldn't dare to do that. One look at Whitebeard, and One-Eye realised that the mice were fully resolved to do that.

In the meantime, all the mice and rats had come in, along with other animals too: spiders, beetles, even birds that were nesting under the eaves, were among the flock.

Exhibit took his place behind the log of wood. Spider sat down on the log, and Whitebeard sat down as a witness, joining his mice who had gathered in neat rows in front of the log of wood. The rats, who had watched One-Eye's intermezzo with this thing, stood behind the mice and didn't know what they should do. They looked at their leader questioningly. He pointed speechlessly to the floor with his snout. They all sat down.

"I herrreby open this courrrt hearrring," Exhibit said. And so it began. Spider read out the charge – she had often seen this in the upper rooms of the court. The humans who did this, called themselves "state prosecutor" and liked to complain about "salary bracket R" and "on-call duties," whatever they might be. The accused Marlboro rats had to sit beside the log of wood in front of the mice and were bombarded with questions. Little by little, they recounted everything they had got up to with the lighter. One-Eye was permitted to ask questions too and tried to defend the rats. However, he only succeeded in getting them into ever deeper water. Whenever he asked a question, the rats, filled with fear and respect for him, poured out the truth. The confessions that were conjured forth in this way only succeeded in making everything worse. Finally, there was nothing more to defend, and everyone stared malevolently at the defendents. One-Eye just looked mutely at his claws. This here was going seriously belly-up.

After the witnesses had been heard, Spider got going in earnest – she had frequently experienced this in the courtroom, the humans called it the "final speech of the persecution," when the state prosecutor demanded a punishment (or something to that effect, the acoustics in the courtroom weren't the best). "Your Honour, esteemed mice, dear Exhibit, I ..."

Spider didn't get any further; she was interrupted by a loud rustling that was coming from Spikey's direction.

"Silence," Exhibit hissed. "Otherwise I will clear the courtroom." "You mean the archive," Spikey murmured. "What is that you're chewing?" Spider asked him. "The case with the stuffed animals," Spikey admitted. In the filing cabinet, he had now got up to the files starting with the letter A. When he had peered into the file and had read the words "animals – stuffed," he had immediately begun to bite away the file, although it had a nasty aftertaste. "Tastes disgusting," Spikey muttered, while he chewed away on a piece of file on which strange combination of letters was yet to be eaten, ahem, read – FN 540 Pros 11345/10, what on earth could that mean? Spider looked with interest at the paper in Spikey's paws – wasn't that an idea?

"Your Honour..."

"Yeah, yeah, skip that, get to the point," One-Eye grumbled, "so, what do you want to do with us now – stuff us, maybe?"

At the very moment in which he had spoken this aloud, One-Eye flinched inwardly – surely these mice wouldn't ...?

"That is definitely an idea," Spider interjected, "the humans do that too, as we can see from Spikey's file, and then we can be sure that in the near future the culprits won't do such a thing again ... "

"They obviously weaved your web too tightly, you eightlegged plague," One-Eye shouted so loudly across the room, that even Spikey forgot to chew for an instant. Mice and rats held their breath. "Stuffed animals" didn't sound good, not good at all. One of the rats slumped down and rolled on the floor shivering. The rat who had already wet her fur during the twolegger's visit felt an increased urgency to void her bladder, and her neighbour jumped away skittishly.

"Sssilence, otherwise I'll clear the courtroom," Exhibit hissed. "Archive," Spikey murmured and earned himself a nasty look for doing so. "Stuffing appears indeed rather excessive to me, maybe the honourable Spider should moderate her tone somewhat." Oooh, "honourable," that sounded so – professional. The animals were impressed.

"But the objective has to be that such a thing doesn't happen again," Spider retorted, "and if we don't actually stuff them after all, then we should ensure by other means that no more mouse tails burn – how about if we put them into selective custody?" Spider was proud of this word, which she had picked up in the courtroom (admittedly, the acoustics in the courtrooms weren't always the best, as we know already).

"???"

"That means that we lock them up and don't let them out any more – the humans also talk about this as 66 CC," Spider trumpeted at the top of her voice. At last she could show for once all the things she had learned among the humans.

If One-Eye was a human, he would have blushed at this point. "Youuu, youuuu, youuu ..." Before he could explode, Exhibit hissed dangerously across the room. "Now there will be sssilence in this courrrt." That sounded very, very dangerous. One-Eye remembered the snapping laws and held his breath.

"Without a doubt," Exhbit accentuated, "without a doubt this cannot happen again – but we shouldn't get carried away. Stuffing? No. Lock up? Yes. Forever? No, that would be going too far. Setting fire to the tails of mice is a serious offence, but the culprits shouldn't have to pay for it for life. I will now pronounce the sentence."

The animals held their breath. Now it was getting serious.

"By way of punishment for wantonly endangering all our lives, the accused are hereby sentenced to four days of starvation. During this time, they will not leave this room. They will get water three times a day. Apart from that they are quite welcome to do cleaning, to repair the furniture they damaged or do good in any other way. No one, I repeat, NO ONE will come near them, apart from the water carriers. This hearing is closed."

The accused rats looked desperately to their leader – to be locked in, that was something no freedom-loving rat liked, they were accustomed to roaming around always and any time everywhere. One-Eye shook his head and trotted out of the room. The mice left the room too. "Put that down," Whitebeard instructed Spikey, who he laid aside the file without even the slightest reluctance. It tasted foul. "We're leaving."

With that, everyone left the room, and Whitebeard sealed the entrance with boards and bolts at a nod from Exhibit. The first court hearing among animals had taken place. The rats were less self-assured and had got an inkling about justice.

Whitebeard and Spider thanked Exhibit, but he only shook his head deprecatingly. "Always a pleasure." With that, he crawled to his sleeping-place and withdrew again into his shell for the next, hopefully long-lasting slumber.

The remainder of the day went by uneventfully. It remained noticeably quiet in the courthouse, and that night and the days that followed also passed quietly.

CHAPTER 4

„All animals are equal," Ruffian Rat murmured while he slurped the cognac, "but some animals are more equal than others." His companion stared at him. "That's brilliant," he mumbled, and emphasised this involuntarily with a belch. "I read it somewhere," Ruffian Rat murmured. And they kept on drinking.

Yes, the rats had finally found out where their leader disappeared to time and again. During the four depressing days in custody, the troublemakers had done a lot of thinking. If the mice had hoped that the prisoners would have contemplated their crimes and cultivated remorse, they were deluding themselves. Is that really so surprising? Instead, the rodents had turned the question round and round all day as to why their leader had left them in the lurch. That was how they saw

One-Eye's behaviour: By asking questions during the court hearing, he only succeeded in getting them into deeper and deeper water, and then left them to the mercy of the mice. He had betrayed them! He was a really mean dog, ahem, rat.

After their release, the troublemakers had gone looking for One-Eye. They had made a pretence of peace and quiet to the mice, but in reality they had systematically combed the entire courthouse. In doing so, they had hopped around in front of Justice's snout, had run between the twoleggers feet in the literal sense of the word, such that a screaming concert made their presence official. However, the mice knew nothing about this yet. Finally, the rats had found their leader in the judge's office, a room that was furnished in warm wood colours and smelled very good. Honestly, it smelled quite exquisite, a little sweet, a tad like old oak barrels, like ... cognac! And that was where One-Eye was lying. Stretched out on the wooden floorboards, he had been basking in a ray of sun that was coming through the window, and now and then had let a drop of cognac trickle down into his mouth and gullet from an overturned bottle. The brandy bottle that had overturned during the shuddering from the building site catastrophe had spat out a little puddle, which was how One-Eye had come to notice it. And since he had found it, he regarded it as his property – it was also the reason why he had made his suggestion about property during the court hearing with the mice. Now the bottle lay on its side, and when it was moved, the golden brown juice sloshed out. A dream, a vision of peace.

With a wild screech, the three rats had pounced on their leader simultaneously and had beaten him up good and proper. “Traitor!” “We’ll show you. Letting us starve while you lie here boozing yourself.” Finally, One-Eye had collapsed in a heap, moaning, and had not moved a muscle since then.

“Is he dead?” the smallest rat asked. “Rubbish, he’s just asleep.” “Shouldn’t we allow him one more drop so that he’ll sleep better?” the next one asked. Ruffian Rat grinned. “Well, wasn’t that a good idea. And so the drama took its course. Whenever One-Eye was threatening to wake up again, the rats swiftly poured a big glug of cognac down his neck and in this way kept him in a semi-conscious state for two days. During this time, the ex-convicts regaled themselves with the cognac. There was more. They had found another bottle in the desk cupboard in the judge’s desk. They just had to rock, push and shove it long enough and ... CRASH! The bottle had overturned, shattered and another well – though also a little penetratingly sharp – smelling brown puddle poured out onto the floor. The fact that One-Eye was now lying in the middle of the puddle and his snout was almost fully immersed did not bother the neer-do-wells. He was getting what he had wanted: cognac!

Initially, there were only four ratted rodents, but they were soon joined by other rats. And of course the inquisitive adolescent mice found them too. Evidently they hadn't learned any lessons from their singed tails. Instead of running away and informing the adult mice, they let themselves be taken in by Ruffian Rat's smooth talk – for he had just sniffed a chance to pay back the mice. Ruffian Rat grinned. Hadn't the mice insisted on sharing? So, they would share here and now. There was enough to be got out of the bottles. Maybe that bit about equality of outcomes wouldn't necessarily work today – after all, the street hooligans could tolerate more than the completely wet behind the ears juvenile mice because of their body mass and backstreet training at the bottle bank. But nonetheless: equality of opportunity was ensured. Ruffian Rat shrugged his shoulders inwardly. Hadn't he learnt a lot of new things from the mice? Indeed, indeed, he had become a real expert in legal matters. Yes indeed. And they started administering the cognac to the juvenile mice.

Further down in the courthouse, Whitebeard was pitter-pattering back and forth restlessly. It was the sixth day after the court hearing, and the rats were still keeping quiet. This silence pressed a sensitive nerve in his mouse's brain. The prisoners had been at large again for two days now ... no, Whitebeard smelled a rat. What were the greycoats hatching now? He decided to go looking for them. Just as he was trying to sneak out of the shared dormitory on tiptoe, Minchin blinked momentarily out of her afternoon nap. "What are you planning to do?" She whispered. He told her. She nodded, rolled back into a ball of fur again and slumbered on. However, one thought came knocking in her brain too: It wasn't just the rats that she had rarely seen in the last few days; no, some of the juvenile mice hadn't appeared in the common room for some time either. She awoke with a start, pulled herself together and followed Whitebeard.

Up in the judge's chambers, the juvenile mice were already hiccupping and giggling. After another half-hour they were slurring their words and tottering. The first bruises and bumps began to appear as they staggered against the wall, various corners and furniture time and again. As their alcohol levels rose, so did the noise and the aggression. That was what Ruffian Rat had been hoping for. Let the mice beat each other up. It didn't take long before the mice were so intoxicated that they no longer recognised each other, begrudged each other every drop of cognac and were hurling insults at each other. And then the first fights broke out. However, the rats were not idle either and had tanked up enough on the brown brew themselves. When the mice were rolling on the floor as they wrestled, kicked and punched all around them and in doing so hit the rats, these could no longer control themselves and a mass battle that filled the room quickly ensued. There was screeching, squeaking, whamming and bamming, banging and shouting. The bottles wobbled across the floor, chairs and tables were moved with loud scraping. The fighters grabbed everything that was in reach, and bits of wood, pebbles, pens and erasers from the judge's desk and much more flew through the air – just as Whitebeard at last found the battlefield. He had followed the growing noise. Snorting with rage, he rushed through the door and – whop, the first eraser hit him in the head. A piece of chalk, a splinter of wood and then – he couldn't believe it – a blood spatter from the snout of one of his juvenile mice. He forgot himself. Yelling, he hopped up and down, waved his paws in the air, screamed, pulled fighters apart, kicked when they did not want to let go of each other. Like a fury, he stamped through the room and tried to establish order. In the meantime, a panting Minchin had reached the battleground too, and was just about to grab Whitebeard when a huge shadow fell onto her. Horrified, she lifted up her head ... and looked into a huge, dark hole that came down upon her.

Minchin was the first to land in the hunting man's sack. "Exterminator" – now they understand the humans' word: All they could do was listen in despair as he strode through the chamber with huge twolegger steps and collected up all the rats and mice. One after the other, they all dropped into the sack besider her. They had made it so easy for him. Minchin fought back her tears. The way the squabblers were out of breath, intoxicated with alcohol, and no longer in control of themselves, the hunting man just had to pick them up off the floor. More and more kept plopping into the sack with Minchin. Among them were also a still half-intoxicated One-Eye and a Whitebeard who was foaming with rage. Finally, they had all been captured: juvenile mice, rats and their leaders. The sack was lifted up, and Minchin could detect from the swaying and the steps that the exterminator was leaving the room. There was enough room in the sack, luckily there were not too many animals in there, but the rising, falling and swaying were dreadful. Minchin couldn't feel ill any more, she already felt sick with fear. What whould happen to them?

This couldn't turn out alright. She thought about her baby mice. Thankfully none of her children had been among the boozers. She sniffed. She would never be with them again, would never see them again. Minchin began to cry. The others didn't even notice. The swaying had finished them off. Moaning and groaning, they wondered through their alcoholic haze what was currently happening to them.

The rocking and swaying went on and on. Following the movement, Whitebeard could determine whether the hunting man turned left or right; but he had lost his sense of direction some time back. What good would it have done anyway? The hunting man would make short work of them. Once he had animals in his sack, he tied it up and flung it into the water. The mouse chief had learnt this from Exhibit. He had not told the animals this horror story. Now it was too late anyway. He was almost happy about the boozers: In their state of inebriation, they wouldn't realise anything and wouldn't suffer. He closed his eyes; it was over.

Suddenly, the swaying stopped and the sack landed on the ground with an unpleasant thud. The hunting man went away. Whitebeard heard how the exterminator closed the door behind him. It became dark. Whitebeard strained his ears to hear: He heard nothing. Were they still in the courthouse? Probably. If only he could see anything.

"Whitebeard?" he heard someone whisper. That was Minchin's voice. "Minchin? Are you here?" he asked agitatedly. "Yes, here, right at the bottom." "Are you alright?" "Yes, I am, and you?" "Apart from a premonition of death, yes, quite well." Minchin grinned. When things got bad, Whitebeard always cultivated a fine black humour. "What will we do now?" she asked him. "Let's think." Minchin and Whitebeard thought hard. What could help them now? They could shout – but in doing so they would run the risk of turning in the remaining mice and rats in the same way. No, not a good idea at all. While Minchin brooded, she shifted back and forth on her well-developed feminine posterior. Suddenly, she realised why. Something round was pushing relentlessly into her flank: she was sitting on a pipe! "Whitebeard! Whitebeard!" she whispered agitatedly.

"What?"

"I'm sitting on a pipe."

"Oh, how uncomfortable for you, I'm sorry to hear that. Can't you shove over? Should I give you a paw?" "No, no. Haven't you got my drift?"

"???"

"I'm sitting on a PIPE!"

“??? Oh, oh, oooh! A pipe, oh that’s absolutely fantastic.”

They had both remembered how the rats’ commotion had been carried around the entire building through the pipes. That was their chance to call attention to themselves without bringing the exterminator onto the scene again instantly. Minchin extricated herself and began to pitter-patter ever so gently on the pipe.

“Where have they gone? Where have they gone?” Spider scudded along the ceiling through all the rooms in the courthouse in near panic. She had seen Minchin scurrying out of the common room after Whitebeard and and hadn’t been able to trace them since then. Then she had heard the commotion from somewhere. Just as she was about to follow the din, it had suddenly gone silent. Since then, there was no trace of them. And not only Whitebeard and Minchin had disappeared, juvenile mice and some rats were missing too. Spider had a bad feeling. Could the rats have done something to the mice?

Spider came to a halt. It was no use; she had to inform the other animals. She ran to the remaining mice and quickly elaborated her suspicions to them. Alarmed, the mice looked at her with bulging eyes. “Well, don’t just sit there,” Spider urged. “DO SOMETHING!” “But what?” Spider deliberated frantically. What could they do? “Round up all the animals; we’ll meet here in the common room immediately. I'll climb up under the roof and get all the spiders and birds. You go and gather all the others together."

They all went their separate ways immediately and rounded up all the residents of the courthouse hotpawed. A short time later, they were all sitting in the common room puffing and blowing. Spider strode back and forth. "We'll form search parties," she said. "We'll comb through the building systematically." They all nodded. Then Spider divided them up into groups and allocated each group an area of the building to search. "Spider!" She was preoccupied. "Spider!" No reaction. "SPIDER!" a tiny mouse yelled, one of Minchin's babies. Spider looked up at last. "What is it?" "Can you hear that too?" the little one asked. "What?" "Listen very carefully." Now they all held their breath and listened, and sure enough, a very quiet tapping sound reached their ears. It was coming from the pipes. The tapping sound was being transmitted from somewhere through the pipes. It had a strange sequence: it had a rhythm. The baby mouse's button eyes bulged in amazement and she cried: "That's Mama!" They all looked at her inquiringly. "That's the rhythm of the lullaby that Mama sang to us. It must be coming from her. They're alive!" Cheers erupted. Then Spider raised three of her eight legs. "Silence." She mulled hard. Minchin was not just a good singer, she also sang at every hour of the day and night. So why was she tapping a lullaby, of all things? “You,” Spider pointed to the baby mouse, “how do the words of the lullaby go?” The little one began to think. “Close your eyes, close your snouts, let all be quiet in the hole, the black man is on his rounds ...” “The black man is on his rounds,” Spider whispered. All the animals gasped heavily: the hunting man! Minchin must mean him and want to warn the animals with her song. Oh heaven! That was bad. Panic broke out. Minchin’s babies had taken hold of each others’ paws and were sitting petrified with fear. The hunting man. They were lost.

Once again it was Spider who succeeded in making herself heard. She was a remarkable spider. “We’ll go looking for them,” she ordered. “But we’ve got to stay quiet and invisible.”

Outside, the birds flew past the windows as if by chance and attempted to peep inside. Beetles, spiders and other multipedes crawled along the ceilings of the rooms so that they would not be seen. And the mice used all the secret passages that they knew. Little by little, they scoured the entire building. Finally, in the storey where the judge’s chambers were, Spider found a conspicuous sack in a storeroom. It was very large and – what was more important – it was moving. Particularly one corner was jumping up and down on a water pipe. “Minchin!” The jumping stopped. “Minchin, is that you? It’s me, Spider.” “Can’t you be quiet, silence, stop it. Did you hear that too? Silence! Stop moving, can’t you just ...” There was boxing and hissing coming from the sack, but Minchin’s voice could be heard clearly above the racket.

At last, the sack ceased its movement, or rather, the animals in its interior stayed still, and Minchin could speak: “Spider? Is that you? Have you really found us?” “Yes,” Spider had to stop herself from cheering. “Psst!” Minchin whispered. “You must be quiet. I don’t know where the hunting man is. He caught us all.” “I can see that,” Spider established laconically. “But Minchin, in heaven's name, what's that awful smell here?" "Cognac." "Cognac?" Spider wondered. "I'll explain later. Spider, you have to get us out of here. I don't know when the twolegger will come back, but then it will definitely not be any fun for us at all. Help us." "Yes, help! Heeelp!" Other voices could be heard now; they sounded strangely husky, and the words were stretched out. Something wasn't quite right. But first of all the animals had to be released from the sack.

"I can't do that on my own," Spider whispered. "I have to go get the others." Oh please hurry," Minchin urged. "But you have to be quiet." The last sentence was already lost on her eight-legged saviour. Spider scurried round the corner and dashed away to get help.

CHAPTER 5

The seconds passed by at an agonisingly slow pace. Minutes appeared to Minchin like eternities. At any moment the hunting man could come back again and take them away. Given the choice, she would have continued to jump around on the pipe in impatience, but it seemed a wiser course to make no noise. Maybe if they all played dead the hunting man would just leave the sack there and forget about it? No, that was unlikely.

Finally, Minchin heard something outside coming closer. And what if that was the hunting man now? "Minchin, it's us," she heard Spider whisper. A sigh of relief emanated outward from the sackcloth. "We're going to try to open the sack now," Spider announced. A short time later, something began pulling and tugging at the sack. The prisoners heard low moaning and groaning, suppressed curses. "That's not going to work," someone murmured. "The knot is too tight." "We won't manage it." Minchin was near despair.

"Let us have a try," she heard the voice of one of the birds. After several birds had picked at the knot with full force – Whitebeard had just managed to roll sideways before the sharp beaks came drumming down – they too had to give up. What now? It was getting hotter and hotter in the sack. In addition, the alcoholaden breaths of most of them were making it even worse. Minchin was gradually beginning to feel sick – with fear, with the heat and with the cognac fumes. Then she felt something jerking the bag. Oh help, the hunting man must have come back. But no, it was the birds. With combined strength, they were attempting to lift up the entire sack in order to fly away with it. But it was too heavy. Time and again it plonked onto the floor. Suddenly Minchin heard Spider hissing: "Silence – hide!" and everything fell silent. What was happening? Then she heard it: big footsteps were approaching. This time it really was him: the hunting man was coming back. The animals outside in front of the sack had hidden, those in the sack were compelled by Minchin to play dead. Now he was only one corner away, he came around the corner, to the door and ... went on. Phew!

Minchin knew very well that she would be unable to bear this fear much longer. And it was clear that the hunting man could come back at any time; he was very close. They had to escape. Right now. But how? While Minchin was still considering this, she felt the sack moving with them inside. "What are you doing?" she asked through the cloth. Straining voices outside were giving orders to each other: "Not so hard there at the back, we're shifting too far to the left." "Careful, the wall is there." "The threshold!" "Birds, can't you just ... ?" And so it went on all at once. It was evident that the animals had decided that if they couldn't open the sack, they would escape with it. A difficult undertaking, since around twenty animals were trapped inside this cloth bag. But the sack was visibly picking up speed. With a little practice, it became easier to shove, push and pull it. Everyone was mucking in.

Suddenly, another jolt reverberated through the sack and they were moving even faster. Minchin listened in amazement and strained her ears. She heard a verbal exchange between Spider and an unknown animal. "Hey, who, what, why ...? Ah. YOU? Where on earth have you come from? We thought ... aren't you all INSIDE the sack?" A slightly abashed voice replied: "No, those are only the troublemakers and One-Eye. We hadn't seen them for days and didn't want to see them any more either. Their behaviour embarrassed us. We were downstairs in the archive room when we got wind of your disturbance. We came looking for you ... and now we're here to help." "Are you sure?" "Do you want us to help or should we leave you on your own with this sack thingy?" another voice mumbled.

Wouldn't we be glad too if someone helped us if we got into difficulties? – suddenly crossed Minchin's mind. "If someone has got into difficulties, is it not a precept of murine kindness to provide assistance?" Minchin jumped for joy. Those were rats! The remaining rats really wanted to help them. "Oh yes, yes, yes," she squeaked. "Of course we would like your help. Thank you!" And the sack kept moving. While some shoved and pulled with combined strength, other rats at the same time nibbled on the cloth to release the animals at last. In this way, they actually made it into the

corridor in the direction of the front door. This was their plan: The front door of the building was always open during the day. If the animals made it outside, they could split up and run away, dispersing in all directions. Later, they would return again through the cellar windows.

The rescue unit had almost reached the end of the corridor with the sack when they heard a door opening behind them. It led into one of the courtrooms. All the mice and rats immediately played dead. Spiders and beetles did likewise. Only the birds fluttered up in terror. Playing dead was not a common defence tactic for their kind. But anyway – was that really such a good idea when faced with twoleggers? The birds weren't

sure about this. They quickly attempted to get off the floor and fly high up to the ceiling.

The first twoleggers were already coming out into the corridor. Deep in conversation, they slowly turned around towards the exit. More and more twoleggers followed them out of the room. The corridor was full. Then the first ones discovered the strange bundle on the floor in front of them. Using sounds the animals could not understand, the humans drew each other's attention to it. Inquiring looks showed that they did not yet know what they were dealing with. Baffled, they came closer and closer.

One of the twoleggers was just about to bend down to the sack when a bird darted down from above and pecked him on the head. What happened then was chaotic pandemonium. The twolegger cried out, another ran over to him. During this time, the remaining birds plunged down after their companion and attacked the other humans. These in their turn screamed, hopped, clamoured and hit out at the birds.

The mice and rats who had been shoving the sack took advantage of this and attacked from the floor. Through the commotion, Minchin's nagging voice could be heard: "Quick, get a move on. All together: one, two, three ..." Slowly, the sack began to move, and when all the occupants had finally coordinated their movements, the sack hopped, jerked and wobbled along towards the exit. Two rats ran alongside and bit and ripped at the cloth. Thud! The sack had hit against the wall; bang, now it hit the corner of the corridor. Behind them the battle between multipedes and twoleggers raged on. The humans didn't know what hit them: attacked by birds and rats, and in front of them a sack that was hopping away?

Then, with a tearing sound, the sack finally ripped and the occupants tumbled out in a disorderly heap. Immediately they struggled up onto their paws and ran. "To the exit!" The rats shouted after them. Then they turned around and whistled for their cronies, the mice, birds and the rest of the battle squad that was holding the humans in check. "Come on! We've released them. Run! Run! Get out of here!" And with that, they too dashed around the corner. All the animals released their hold on the twoleggers and ran for their lives too.

Before the humans had caught on to the fact that the battle was over, all the animals had reached the exit and dispersed in all directions to head for the first available hiding place.

Two corridor bends away, the exterminator stood before the empty space where a sack had lain until just now. He scratched his head. What sort of idiot would steal a sack full of rats and mice? And how was he supposed to explain this to the judge?

In front of the exit to the courthouse, other humans were smoothing down their hair and clothes. They did not look at each other. What had just happened couldn't possibly have happened, could it? Birds in the courthouse? A runaway sack? No, if they didn't look at each other, they could not mutually confirm what had just happened. Nor did they want to. They went their separate ways and never mentioned the occurrence again.

That evening, all the animals gradually returned to the common room, most of them as heroes, others with their tails between their legs. Even the troublemakers couldn't escape the fact that all the other animals that they had annoyed, humiliated and tormented the whole time had saved their lives. The phalanx of the invincible rats had been smashed open. The hooligans could not get out of expressing their gratitude and eating humble pie. One-Eye hadn't returned. Had he managed to escape like the others?

For days, the animals lived in constant readiness to flee. If they had been noticed once, the humans were sure to search for them again after their escape. The hunting man would not let the matter rest. Whitebeard deliberated as to whether it would not be better for them to abandon the courthouse and look for a new home. Spikey kept looking wistfully at the tasty files; he had only worked his way up to the letter "L" ("Lu" was written after it in brackets – that promised to be tasty, ahem, interesting). Many more tasty morsels lay in store as well, not to mention the regular appendices to the Income Tax Act. During this time, the thought of what they should do with Exhibit in the event of a move was a great source of anxiety to the others. Wake him up and take him along? They didn't think that Exhibit would agree to a move. But leaving him behind on his own, in his unworldly slumber – that wouldn't do either.

In the end, it was Spider who was able to give the all-clear. She had been observing the judge (who lamented the loss of his cognac) since the animals' escape. On this particular morning, the hunting man had come to him – Spider almost dropped from the ceiling at the sight of him, her legs were shaking so much – and had ... lied. Yes indeed, the exterminator had lied. Apparently, he had not wanted to admit what had happened. He believed that someone had stolen the sack with the animals from him. And after all, gone was gone. So he had reported to the judge that the animal problem had been eliminated. Since none of the other twoleggers ever mentioned the occurrence in the courthouse again either, the animals' escape remained one of the best-kept secrets in the courthouse – along with Exhibit's identity.

Gradually, the animals returned to normality. However, one day, they all sat down with Exhibit, wrote down the laws that had been enacted up to them and added to them. The mice called this the ACC, the Animal Civil Code, which once again the rats didn't give a toss about. However, they did give a toss about the laws now. The story as a whole had taught them this lesson: Rules make sense – even if you might not always like them – if everyone sticks to them. And they stuck to them.

The ACC was stored in a public location where everyone could look into it at any time. It was signed with a pawprint from one of each of the different species of animal living in the courthouse. Yes, even the rats put their pawmark on it. Peace set in. Only Spikey was temporarily, briefly (Rats! Now what did "briefly" mean again?) a little piqued, because in front of everyone he had been strictly forbidden from even touching this paper. "Just look, don't touch," was the rule that applied to him. As if he ate EVERYTHING. Disgruntled, he shuffled back to his favourite spot, where the last shreds of the exterminator's sack were awaiting his delectation. Surely no one would deny him this choice morsel. And then the Commentary on the Land Tax Act and the Practicians' Commentary on the Federal

Allotments' Act still awaited him too. There was a lot to do.

While he was munching on the sack down in the archive, two stories above him Justice was wondering yet again why her food bowl was empty. Because she could not notify her twolegger about this, she had no choice but to lose weight. Bah!

Thus, it transpired that the animal residents of the courthouse, happily chomping, set out towards a new, well-ordered coexistence.

EXHIBIT
1